本书为美国福特基金会资助

草原可持续发展
知识读本

张利华◎主编

科学出版社

北　京

内 容 简 介

草原不仅是为我们提供各种农牧产品的重要战略资源，更是国家绿色生态屏障，具有水源涵养、土壤形成、侵蚀控制、废物处理、滞留沙尘及维持生物多样性等重要功能，草原的可持续发展对我国生态文明建设具有重要意义。

《草原可持续发展知识读本》通过对 100 个常见问题的生动解答，梳理了草原可持续发展相关知识，包括草原的基本知识、草原可持续发展的重要性、有关省市实施的草原退耕还草等促进可持续发展的管理政策、草原保护利用的常见问题，还特别介绍了黑河流域草原生产生活中的新技术和新能源。

本书内容丰富、科学严谨、通俗易懂，是各地区草原管理干部有效开展工作的随身手册，也是广大农牧民朋友和关心草原的读者正确认识草原、保护草原、建设草原的科普读物。

图书在版编目（CIP）数据

草原可持续发展知识读本 / 张利华主编 .—北京：科学出版社 . 2016.2
ISBN 978-7-03-047299-1

Ⅰ.①草… Ⅱ.①张… Ⅲ.①草原建设-可持续性发展-中国-基本知识 Ⅳ.①F326.3

中国版本图书馆CIP数据核字（2016）第026563号

责任编辑：杨婵娟 吴春花 / 责任校对：胡小洁
责任印制：徐晓晨 / 封面设计：有道文化
编辑部电话：010-64035853
E-mail：houjunlin@mail.sciencep.com

科 学 出 版 社 出版
北京东黄城根北街 16 号
邮政编码：100717
http://www.sciencep.com

北京凌奇印刷有限责任公司 印刷
科学出版社发行 各地新华书店经销

*

2016年3月第 一 版 开本：720×1000 1/16
2020年1月第二次印刷 印张：7 1/2 插页：1
字数：102 000
定价：48.00元
（如有印装质量问题，我社负责调换）

编 委 会

主　编　张利华

副主编　王红兵

编　委　赵传燕　何革华　刘学敏　邵丹娜
　　　　苏　腾　陶泽兴　刘　勇　姚　娜
　　　　谢正团　徐晓新　康　琳　王光辉
　　　　张晨阳　赵宇豪　解欢欢　欧阳晓光

前 言
PREFACE

伴随着全球气候变暖及各种自然灾害的频繁发生,生态环境保护已经成为国际社会的共识。草地是人类生存和发展的基本土地资源,草地资源是一种可更新资源。在人类干预以前,原生草原面积占地球陆地面积的40%到50%。随着畜牧业发展,全球草地面积不断缩小。合理开发草地资源,有效保护草地资源,既保护生态环境和生物多样性,又满足人类发展和生活需要,是一个重要世界性话题。

党的十八大以来,以习近平同志为总书记的党中央高瞻远瞩战略谋划,着力创新发展理念,大力建设生态文明,引领中华民族在伟大复兴的征途上奋勇前行。习近平总书记2015年在云南考察工作时强调,要把生态环境保护放在更加突出的位置,像保护眼睛一样保护生态环境,像对待生命一样对待生态环境,在生态环境保护上一定要算大账、算长远账、算整体账、算综合账,不能因小失大、顾此失彼、寅吃卯粮、急功近利。生态环境保护是一个长期任务,要久久为功。2014年中央一号文件对草原生态保护作了明确规定:"从2014年开始,继续在陡坡耕地、严重沙化耕地、重要水源地实施退耕还林还草"。"加大天然草原退牧还草工程实施力度,启动南方草地开发利用和草原自然保护区建设工程。"本书利用知识问答的方式梳理了我国草原的基本概况;根据草原的荒漠化和过度放牧等主要问题突出阐述了草原可持续发展的重要性及草原法的相关规定；系统整理了黑河流域内各省关于草原退耕还草、生态补助奖励等可持续发展的管理政策，并总结了草原可持续发展保护利用中常见的问题；介绍了黑河流域生产生活中的新技术、新能源。

  作为科普和宣传读本，本书可帮助读者更好地了解我国草原的相关基础知识和各管理层面有关草原可持续发展的法律法规和政策，有助于草原的生态保护建设及可持续发展政策的实施，促进当地农牧民生产生活条件的改善和农牧民收入的增加。

  读本在研究和编写过程中受到美国福特基金会资助，同时吸收和借鉴了同类书籍的精华，在此一并表示衷心感谢！书中若有不妥之处，恳请专家及读者批评指正。

编者

2016 年春

目 录
CONTENTS

一、草原的基本知识

1. 什么是草原 / 02
2. 全球草原的面积及分布状况 / 03
3. 我国草原的面积及分布状况 / 03
4. 草原的自然属性 / 04
5. 我国草原类型 / 05
6. 基本草原的划分 / 07
7. 草原自然保护区 / 07
8. 草原的生态功能 / 08
9. 草原的生态系统服务价值 / 09
10. 我国草原的主要利用方式 / 10
11. 我国草原生态功能区分布及主要的生态问题 / 11

二、草原可持续发展的重要性

12. 可持续发展的缘起 / 13
13. 可持续发展的原则 / 14
14. 我国可持续发展的总体目标 / 16
15. 我国可持续发展的重点领域 / 17
16. 我国可持续发展工作的主管部门 / 20
17. 生态文明建设与草原可持续发展 / 21
18. 草原生态文明建设的对策和思路 / 22
19. 保护和建设草原的作用和意义 / 23
20. 草原可持续发展与国家安全的关系 / 23

21. 草原可持续发展对水资源利用的影响 / 25

22. 草原可持续发展对生物物种数量的影响 / 26

23. 草原恶化的危害 / 27

24. 草原水土流失的危害 / 28

25. 导致草原恶化的因素 / 29

26. 草原可持续发展的重点 / 31

三、草原可持续发展的管理与政策

27. 国家层面草原管理的主要政策 / 33

28. 我国草原管理的主要法律法规 / 34

29. 《中华人民共和国草原法》的颁布 / 35

30. 新《草原法》的特点 / 36

31. 农牧民学习《草原法》的必要性 / 36

32. 农牧民在草原保护方面的权利和义务 / 37

33. 《草原法》对草原保护的规定 / 37

34. 《草原法》对草原权属的规定 / 38

35. 《草原法》对草原合理利用的规定 / 39

36. 我国草原管理机构设置及职责 / 40

37. 我国草原生态保护措施 / 41

38. 我国治理草原恶化措施 / 42

39. 什么是生态补偿 / 43

40. 建立草原生态保护补助奖励机制的缘由 / 44

41. 建立草原生态保护补助奖励机制的意义 / 45

42. 草原生态保护补助奖励政策的指导思想和主要目标 / 46

43. 草原生态保护补助奖励政策的原则 / 46

44. 草原生态保护补助奖励政策的重点内容 / 47

45. 退耕还牧（草）政策 / 49

46. 退耕还牧（草）政策的颁布 / 50

47. 退耕还牧（草）的原则 / 51

48. 退耕还牧（草）的技术要点 / 51

49. 退耕还牧（草）政策的补助标准 / 53

50. 禁牧区的划分 / 53

51. 草畜平衡及管理办法的颁布 / 54

52. 牧区草原禁牧和草畜平衡后，是否会影响畜产品供应 / 55

53. 草原承包的规定 / 55

54. 草原征占用应当符合的条件 / 57

55. 草原转为其他农用地的规定 / 57

56. 游牧生态-环境知识与草原可持续发展 / 58

57. 基于草原可持续发展的农牧民管理措施 / 59

58. 农牧民为什么要维护好草原围栏等基础设施 / 60

59. 在草原上种植牧草或者饲料作物应当注意的问题 / 60

60. 在草原上开展经营性旅游活动应当注意的问题 / 61

61. 为什么要禁止机动车辆离开道路在草原上行驶 / 62

62. 草原防火期管理规定 / 62

63. 草原防火期内特殊情况需要用火规定 / 63

64. 退化草地的治理技术 / 63

65. 低碳经济与草原可持续发展 / 65

66. 草原风能资源的利用和发展 / 65

67. 草原上太阳能的推广 / 66

68. 游牧生产、生活方式对草原可持续发展的影响 / 67

69. 发展生态经济产业是实现草原可持续发展的重要途径之一 / 68

70. 草原生态畜牧业发展模式借鉴 / 69

四、黑河流域草原的可持续发展

71. 黑河流域的概况 / 72

72. 黑河名称的由来 / 73

73. 黑河流域社会经济状况 / 74

74. 黑河流域的气候状况 / 75

75. 黑河流域水文状况 / 77

76. 黑河流域的地质与地貌特征 / 77

77. 黑河流域的土壤状况 / 78

78. 黑河流域的植被状况 / 79

79. 黑河流域民俗文化 / 80

80. 黑河流域旅游资源分布 / 82

81. 黑河流域草原的面积及分布状况 / 83

82. 温室效应对黑河流域草原的影响 / 84

83. 过度放牧对黑河流域草原的危害 / 85

84. 什么是荒漠化 / 86

85. 黑河流域草原荒漠化现状 / 87

86. 黑河流域草原荒漠化类型 / 90

87. 黑河流域草原荒漠化土地分布 / 91

88. 青海省关于草原可持续发展的政策规定 / 92

89. 青海省草原生态保护补助奖励政策 / 94

90. 甘肃省草原管理条例关于草原可持续发展的政策规定 / 96

91. 甘肃省草原禁牧的具体规定 / 97

92. 甘肃省草原生态补助奖励政策规定 / 98

93. 甘肃省生态补助奖励政策的保障措施 / 99

94. 甘肃省草畜平衡管理的重点内容 / 101

95. 内蒙古自治区草原管理条例关于草原可持续发展的政策规定 / 101

96. 内蒙古自治区退耕还林的可持续发展管理规范 / 103

97. 禁牧建设模式 / 104

98. 内蒙古自治区草畜平衡管理的相关规定 / 105

99. 草畜平衡区建设模式 / 107

100. 内蒙古自治区森林草原防火管理主要工作 / 107

参考文献 / 109

一

草原的基本知识

1. 什么是草原

草原是地球生态系统的重要组成部分,分为热带草原、温带草原等多种类型,是地球上分布最广的植被类型(图1-1)。草原的形成原因是土壤层薄或降水量少,草本植物受影响小,而木本植物无法广泛生长。草原具体是指由草本植物和灌木为主的植被覆盖的土地,包括天然草原和人工草地。天然草原包括草地、草山和草坡。人工草地是指通过人工种植牧草而形成的草地,包括改良草地和退耕还草地。

图1-1 草原示意图

2. 全球草原的面积及分布状况

全球草地总面积约为32亿公顷，占陆地总面积20%左右，比耕地面积约大一倍。但在各大洲的分布极不均衡。在欧亚大陆，草原植被西自欧洲多瑙河下游起，呈连续的带状往东延伸，经罗马尼亚、俄罗斯、蒙古国，直达我国境内，形成世界上最宽广的草原带。在北美洲，自北方，由南罗斯喀撒河开始，沿经度方向，直达雷达河畔，形成南北走向的草原带。在南半球，因为海洋面积大，陆地面积小，草原面积不及北半球大，而且比较零星，带状分布不明显。在南美洲，主要分布在阿根廷及乌拉圭境内；在非洲，主要分布在南部，但面积很小。

3. 我国草原的面积及分布状况

我国是仅次于澳大利亚的世界第二草原大国，拥有天然草原3.93亿公顷，约占国土面积的41.7%，是我国耕地面积的3.2倍，森林面积的2.5倍，其中可利用面积为3.31亿公顷，占天然草原面积的84.2%。我国人工草地面积累计1930万公顷（2003年），占我国草原总面积的比例不足5%，主要分布在内蒙古、甘肃、新疆、陕西等省（区）。我国人均占有草原0.33公顷，仅为世界平均水平的一半（全世界人均占有草原0.64公顷）。

我国草原东西经横跨62°，南北纬相差50°，跨越寒温带、中温带、暖温带、亚热带和热带5个气候带，海拔高度也由8000多米降至-100多米。按地带性特点，我国草原可分为北方干旱半干旱草原区、青藏高寒草原区、东北华北湿润半湿润草原区和南方草地区四大生态功能区域，是我国国家生态安全战略格局中的重要组成部分。按行政区划，我国草原遍布各个省（区、市）。内蒙古、广西、云南、西藏、青海、新疆、陕西、甘肃、宁夏、重庆、四川和贵州西部十二省（区、市）有草原面积约 3.3 亿公顷，占全国草原总面积的 84.4%；辽宁、吉林和黑龙江东北三省有草原面积约 0.17 亿公顷，占全国草原总面积的 4.3%；其他省（市）有草原面积约 0.45 亿公顷，占全国草原总面积的 11.3%。西藏、内蒙古、新疆、青海、四川和甘肃六省（区）是我国的六大牧区，草原面积占全国草原总面积的 75.1%。

4. 草原的自然属性

（1）草原资源数量的巨大性。草原资源数量的巨大性即指草原的面积大；草原分布最广，类型繁多；草原的植物量很大，全世界的植物生物量中 35%~74% 为森林植物量，36%~64% 为草原植物量，多年的研究表明两者的质量近乎相等。

（2）草原资源质量的差异性。地球上不同的气候带形成许多地域性的草原。例如，在世界范围内，热带草原以稀树草原为主，亚热带草原以荒漠为主，温带草原以草原和草甸为主，寒带草原以冻原为主，高寒带草原以高寒草甸为主。草原的自然差异要求人们因地制宜地合理利用不同类型的草原资源，确定草原利用的合理结构与方式，以获取草原利用的最佳效益。

（3）草原资源位置的空间有序性。由于地球表面生态环境空间位置的有序固定性和时间变化的周期性，使草原资源及其类型在地球表面的分布也是有序固定的，这在一定程度上决定了草原资源的区位差异及使用上的经济价值差异。

(4)草原资源发展的阶段性和动态性。作为活的、不断发展变化的草原资源，在一定的时间范围内，必然处于一定的发展阶段。当草原资源的能量和物质输入与产品输出大体相同时，草原资源处于平衡的稳定阶段；当草原的利用不足，能量与物质的输入大于输出时，草原资源就处于正向发展的聚集与富化状态；当能量与物质的输入小于输出时，草原资源就处于逆向发展的消耗与贫化状态；当草原资源贫化到丧失自我恢复能力时，就会发生质变，使草原资源彻底破坏，不复存在。

5. 我国草原类型

我国复杂辽阔的草原地形，造就了丰富多样的草原类型，共有18个大类，37个亚类，1000多个草地型（表1-1）。在众多草原类型中，面积最大的是高寒草甸类，占全国草原面积的16.22%，并和高寒草原等共同构筑了青藏高原草原畜牧业的基础。温性荒漠类面积居第二位，占全国草原面积的11.47%，与温性草原化荒漠、山地草原相结合，共同构成了西北荒漠草原畜牧业的基础。高寒草原类面积居第三位，草原面积和可利用草原面积分别为4146.32万公顷和3543.92万公顷。温性草原类面积位居第四位，并与温性草甸草原和温性荒漠草原等共同构成了我国北方草原畜牧业的基础。

表1-1　全国各类天然草地情况

草原类型	草原面积/万公顷	占草原比重/%	可利用面积/万公顷	理论载畜量/（万只羊/年）
全国合计	39283.26	100	33099.55	44891.54
温性草甸草原类	1451.93	3.70	1282.74	1615.35

续表

草原类型	草原面积/万公顷	占草原比重/%	可利用面积/万公顷	理论载畜量/(万只羊/年)
温性草原类	4109.66	10.46	3636.76	2445.12
温性荒漠草原类	1892.16	4.82	1705.24	612.90
高寒草甸草原类	686.57	1.75	601.15	169.56
高寒草原类	4162.32	10.59	3543.92	1029.25
高寒荒漠草原类	956.60	2.43	775.21	127.15
温性草原化荒漠类	1067.34	2.72	914.09	274.58
温性荒漠类	4506.08	11.47	3060.41	726.98
高寒荒漠类	752.78	1.92	559.28	60.34
暖性草丛类	665.71	1.69	585.37	1344.45
暖性灌草丛类	1161.59	2.96	977.35	2123.75
热性草丛类	1423.72	3.62	1142.00	3798.26
热性灌草丛类	1755.13	4.47	1344.76	3704.41
干热稀树灌草丛类	86.31	0.22	63.94	237.45
低地草甸类	2521.96	6.42	2103.84	4054.00
山地草甸类	1671.89	4.26	1492.34	2981.02
高寒草甸类	6372.05	16.22	5883.42	6013.15
沼泽类	287.38	0.37	225.37	573.04
零星草原	3658.77	9.31	3202.34	13000.78
未划类型草原	93.29	0.24	0	0

注：全国合计中不包括台湾、香港和澳门统计数据

资料来源：数据转引自《草地资源调查规划学》，由中国农业出版社 2000 年出版

6. 基本草原的划分

按照《草原法》的规定，下列草原应当划为基本草原：

（1）重要放牧场；

（2）割草地；

（3）用于畜牧业生产的人工草地、退耕还草地及改良草地、草种基地；

（4）对调节气候、涵养水源、保持水土、防风固沙具有特殊作用的草原；

（5）作为国家重点保护野生动植物生存环境的草原；

（6）草原科研、教学试验基地；

（7）国务院规定应当划为基本草原的其他草原。

7. 草原自然保护区

草原自然保护区就是将具有代表性的草原类型、珍稀濒危野生动植物分布区和具有重要生态功能与经济科研价值的草原划定为自然保护区，并按照自然保护区管理的有关规定加以严格保护。建立草原自然保护区，有利于防止草原退化、沙化和盐碱化，也有利于保护国家重点野生动物和植物的种质资源，维护草原生物的多样性。广大农牧民应当自觉遵守自然保护区管理的有关规定，禁止在草原自然保护区内进行砍伐、放牧、狩猎、捕捞、采药、开垦、烧荒、开矿、采石、捞沙等活动。

8. 草原的生态功能

草原的生态功能主要发生在草丛-地境界面,为生命系统提供自然环境条件,具有生命支持功能和环境调节功能,是维持社会与经济发展的基础(刘兴元等,2011)。草原的生态功能可以归纳为以下几方面:水源涵养、土壤形成、侵蚀控制、废物处理、滞留沙尘及维持生物多样性等功能(柳小妮等,2008)。草原的生态功能是该生态系统固有的功能,且难以被商品化,因此,该功能反映了草地的社会属性,作为间接经济价值,体现了草地的公益性。

> **延伸阅读**
>
> **草原的主要生态功能**
>
> 草原的生态功能主要发生在草丛-地境界面,为生命系统提供自然环境条件,具有生命支持功能和环境调节功能,是维持社会与经济发展的基础。草原的生态功能可以归纳为五个方面,即生态屏障、能量固定、碳库、生物基因库与土壤形成。
>
> (1)草原是重要的绿色生态屏障,在维护我国生态安全中有重要作用。草本植物的地上覆盖作用与地下部分强大固土作用相结合,对于减少地表径流,防止风蚀,保持水土,维护生态环境有重要作用。沙尘暴、长江流域水灾与城市空气污染等问题的解决,都与草原有关。
>
> (2)能量固定。草原植物对太阳能的固定与转化,是草原植物重要的生态功能之一。
>
> (3)重要而巨大的碳库。在目前已经开展的全球变化研究计划中,如国际地圈生物圈计划(IGBP)、国际全球环境变化人文因素计划(IHDP)、世界气候研究计划(WCRP)和国际生物多样性计划

(DIVERSITAS)等都把碳循环与温室气体的研究作为焦点之一。而全球草地生态系统碳储量，约占陆地生态系统总碳储量的12.7%。草地生态系统的高碳储量及其分布的特点，表明草地生态系统中的碳作为重要而巨大碳库的价值与意义。

（4）丰富的基因库。草原所具有的丰富的生物基因，在历史上为丰富人类的食物、药用植物、家畜品种做出了巨大的贡献。而其大量的具有多种抗逆性能的植物所具备的特殊基因，潜藏着未来为解决人类的健康、食物、能源等方面需求的可能与希望。

（5）草原植被丰富了地球表面土壤形成的格局和模式。草本植物以其特殊的结构、生物量、分布及其成分，丰富了地球表面的土壤类型。草本植被下的土壤具有与森林植被下的土壤不同的物理、化学、生物学性状与剖面构造和剖面形态特征。

资料来源：陈佐忠，2008

9. 草原的生态系统服务价值

草原的自然资本（草原生态系统在某一时间具有的自然物质和信息存量）与人力资本相结合所产生的人类福利，称为草原生态系统服务。草原生态系统服务功能总体上可分为两大类：生产功能和生态功能。也就是说，草原不仅提供了肉、奶、羊毛、皮革等农牧产品，体现了重要的市场价值，还为人类的生产和生活提供了许多不可或缺的服务功能，包括调节气候、保持水土、涵养水源、防风固沙、改良土壤及丰富的生物基因库等。因此，草原提供的服务就产品输入和维持动植物的生存来说，比目前具有市场价值的产品总数要丰富得多。我国草原生态系统服务价值占陆地生态系统服务价值的63.21%，占全国生态系统服务总价值的45.56%。

10. 我国草原的主要利用方式

作为草地资源大国，我国草地的生产力水平远远滞后，全国平均每公顷草地仅生产7个畜单位，相当于世界平均水平的30%；而由草原牧区提供的畜产品仅占全国总量的不足10%。这充分说明我国草地资源未得到合理、高效的开发和利用，蕴藏着巨大的生产潜力。我国草原主要的利用方式有以下几种：

（1）放牧利用。放牧是我国传统意义上草原资源最主要的利用形式之一，与舍饲相比，放牧生产成本较低，而产量较高。放牧利用常因牧场条件、草地类型和畜群种类等不同而采取多种形式，主要有全年放牧与半放牧制、自由放牧与划区轮牧制等形式。

（2）割草利用。割草利用是放牧利用的一种补充形式，起调剂余缺的作用。以秋季产草旺季时打草并加工成的青饲料、干草或干草粉作为牲畜的饲料，以解决冬春季草料不足的问题。

（3）薪炭与其他利用。我国牧区仍沿袭烧草做饭、取暖的传统，草原上的灌丛也常常被人们砍伐而作为薪柴，以代替干牛羊粪便作为传统燃料的模式。薪炭利用一方面遏制了部分草原灌丛化的趋势，有利于饲用价值更高的草本植物的生长，可以弥补牧区燃料和经费不足的问题，但另一方面，这种方式对草原有很大的破坏性，影响草资源的自然更新。

除薪炭利用外，还有野生动物狩猎、野生药材采挖等经济利用方式。

11. 我国草原生态功能区分布及主要的生态问题

西部草原地区是我国国民经济和生态环境保育极其敏感和至关重要的前沿阵地，占我国国土面积的41.7%，在食物来源和结构改变及生态安全方面具有不可替代的重要战略地位。然而，我国西部草地生态环境脆弱、自然条件恶劣、水肥资源不足，加上乱砍滥伐、滥挖药材、毁林开矿等人为破坏，以及陡坡垦荒、滥垦草场、超载放牧、过度樵采等不合理的开发利用，导致林草植被遭到破坏，生态功能衰退。近年来草地水土流失加剧，退化、沙化严重，草地生态环境加速恶化，生产力极度下降，单位水平仅相当于美国的1/27（表1-2）。

表1-2 西部草原生态功能区分布与主要生态问题

功能区	水源涵养功能区	防风固沙功能区
西部区域分布	甘肃省祁连山高寒荒漠、草原、草甸及其甘南草原，青海省青海湖湿地及上游、黄河源、三江源地区，西藏雅鲁藏布江上游、中喜马拉雅山北翼高寒草原，新疆额尔齐斯-乌伦古河荒漠草原、准噶尔盆地西部山地草原、天山北坡草原与南坡荒漠草原等水源涵养区	陇中-宁中荒漠草原、腾格里沙漠草原荒漠、黑河中下游草原荒漠、毛乌素沙地、柴达木盆地东北部山地高寒荒漠草原、共和盆地草原、阿尔金草原荒漠、准噶尔盆地东部灌木等防风固沙区
主要生态问题	冰川后退，雪线上升；湿地萎缩，植被破坏，草甸退化、沙化；土地荒漠化，土壤保持和水源涵养功能下降；生物多样性维护功能下降	过度放牧、草地开垦、水资源不合理开发和过度利用导致草原生态系统严重退化，草地群落结构简单化，物种成分减少，土地沙化面积大，鼠虫害频发；草地生物量和生产力下降；沙尘暴频繁

二

草原可持续发展的重要性

12. 可持续发展的缘起[①]

可持续发展概念（图 2-1）的明确提出，最早可以追溯到 1980 年由世界自然保护联盟（IUCN）、联合国环境规划署（UNEP）和世界自然基金会（WWF）共同发表的《世界自然保护大纲》。1987 年以布伦兰特夫人为首的世界环境与发展委员会（WCED）发表了报告《我们共同的未来》。该报告正式使用了可持续发展的概念，并对概念做出了比较系统的阐述。有关可持续发展的定义有 100 多种，但被广泛接受且影响最大的仍是世界环境与发展委员会在《我们共同的未来》中的定义。

图2-1　可持续发展概念图

[①] 牛文元，马宁，刘怡君 .2015. 可持续发展从行动走向科学——《2015 世界可持续发展年度报告》. 中国科学院院刊，5。

可持续发展就是建立在社会、经济、人口、资源、环境相互协调和共同发展基础之上的一种发展，其宗旨是既能相对满足当代人的需求，又不能对后代人的发展构成危害。

> **延伸阅读**
>
> **可持续发展的定义和战略**
>
> 　　可持续发展的定义："能满足当代人的需要，又不对后代人满足其需要的能力构成危害的发展。"它包括两个重要概念：需要的概念，尤其是世界各国人们的基本需要，应将此放在特别优先的地位来考虑；限制的概念，技术状况和社会组织对环境满足眼前和将来需要的能力施加的限制。"涵盖范围包括国际、区域、地方及特定界别的层面，是科学发展观的基本要求之一。
>
> 　　1989年联合国环境规划署（UNEP）理事会通过的《关于可持续发展的声明》专门为"可持续发展"的定义和战略通过了《关于可持续发展的声明》，认为可持续发展的定义和战略主要包括四个方面：①走向国家和国际平等；②要有一种支援性的国际经济环境；③维护、合理使用并提高自然资源基础；④在发展计划和政策中纳入对环境的关注和考虑。

13. 可持续发展的原则

1）公平性原则

公平性原则包括本代人之间的公平、代际间的公平和资源分配与利用的公平。可持续发展是一种机会、利益均等的发展。它既包括同代内区际间的均衡发展，即一个地区的发展不应以损害其他地区的发展为代价；也包括代际间的均衡发展，即既满足当代人的需要，又不损害后代人的发展能力。该原则认为人类各代都处在同一生存空间，他们对这一空间中的自然资源和社会财富拥有同等享用权，他们应该拥有同等的生存权。因此，可持续发展把消除贫困作为重要问题提了出来，要予以优先解决，要给各国、各地区的人，世世代代的人以平等的发展权。

2）持续性原则

人类经济和社会的发展不能超越资源和环境的承载能力，即在满足需要的同时必须有限制因素，也就是说，在发展的概念中包含着制约的因素。在满足人类需要的过程中，必然有限制因素的存在。主要的限制因素有人口数量、环境、资源，以及技术状况和社会组织对环境满足眼前和将来需要能力施加的限制。最主要的限制因素是人类赖以生存的物质基础——自然资源与环境。因此，持续性原则的核心是人类的经济和社会发展不能超越资源与环境的承载能力，从而真正将人类的当前利益与长远利益有机结合。

3）共同性原则

各国可持续发展的模式虽然不同，但公平性和持续性原则是共同的。地球的整体性和相互依存性决定全球必须联合起来，以共同维护我们的家园。

14. 我国可持续发展的总体目标[①]

中国推进可持续发展战略的总体目标是：人口总量得到有效控制，素质明显提高，科技教育水平明显提升，人民生活持续改善，资源能源开发利用更趋合理，生态环境质量显著改善，可持续发展能力持续提升，经济社会与人口资源环境协调发展的局面基本形成。

（1）把经济结构调整作为推进可持续发展战略的重大举措。着力优化需求结构，促进经济增长向依靠消费、投资、出口协调拉动转变；巩固和加强农业基础地位，着力提升制造业核心竞争力，积极发展战略性新兴产业，加快发展服务业，促进经济增长向依靠三次产业协同带动转变；深入实施区域发展总体战略和主体功能区战略，积极稳妥推进城镇化，加快推进新农村建设，促进区域和城乡协调发展。

（2）把保障和改善民生作为推进可持续发展的主要目的。控制人口总量，提高国民素质，促进人口的长期均衡发展；努力促进就业，加快发展各项社会事业，完善保障和改善民生的各项制度，推进基本公共服务均等化，使发展成果惠及全球人民。

（3）把加快消除贫困进程作为推进可持续发展战略的急迫任务。以提高贫困人口收入水平和生活质量为主要目标，通过专业扶贫、社会扶贫，加大扶贫开发投入和工作力度，采取财税支持、投资倾斜、金融服务、产业扶持、土地使用等方面的特殊政策，实施生态建设、人才保障等重大举措，培育生态友好的特色主导产业并增强发展能力，提高贫困人口的基本素质和能力，全面推进扶贫开发进程。

（4）把建设资源节约型和环境友好型社会作为推进可持续发展战略的重要

[①] 国家发展和改革委员会等.2012.2012年中国可持续发展报告.

着力点。实行最严格的土地和水资源管理制度,大力发展循环经济,推行清洁生产,全面推进节能、节水、节地和节约各类资源,进一步提高资源能源利用效率,加快推进能源资源生产方式和消费模式转变;以解决饮用水不安全和空气、土壤污染等损害群众健康的突出环境问题为重点,加强环境保护;积极建设以森林植被为主体、林草结合的国土生态安全体系,加强重点生态功能区保护和管理,增强涵养水源、保持水土、防风固沙能力,保护生物多样性;全面开展低碳试点示范,完善体制机制和政策体系,综合运用优化产业结构和能源结构、节约能源和提高能效等多种手段,降低温室气体排放强度,积极应对气候变化。

(5)把全面提升可持续发展能力作为推进可持续发展战略的基础保障。建立长效的科技投入机制,注重科技创新人才的培养与引进,建立健全创新创业的政策支撑体系,推进有利于可持续发展的科技成果转化与推广,提升国家绿色科技创新水平;以环境保护、资源管理、人口管理等领域为重点,完善可持续发展法规体系;建立健全可持续发展公共信息平台,发挥民间组织和非政府组织的作用,推进可持续发展试点示范,促进公众和社会各界参与可持续发展的行动;加强防灾减灾能力建设,提高抵御自然灾害的能力;积极参与双边、多边的全球环境、资源、人口等领域的国际合作与交流,努力促进国际社会采取新的可持续发展行动。

15. 我国可持续发展的重点领域[①]

(1)人口数量控制。积极开展人口与计划生育领域的科研和技术创新,以适合广大农村人口的节育技术为突破口,加强新型避孕节育方法研究,提高节

---

① 中华人民共和国科学技术部.2002.可持续发展科技纲要(2001—2010年)。

育新技术的应用率和效果；研究出生缺陷的产前筛选和诊断技术，以及提高儿童生活质量的优育技术等。

（2）健康与重大疾病的防治。开展心脑血管病、恶性肿瘤、糖尿病、传染性疾病等重大疾病的综合防治技术研究；加快具有自主知识产权的创新药物的开发；加快中医药现代化、国际化进程；结合重大疾病的综合防治研究，开发常用、重大医疗设备及介入治疗器具；积极开展环境内分泌干扰物的污染现状及与健康影响的研究；研究长期接触低浓度有机物对健康的影响，开发有害有机污染物综合治理新技术；室内空气有毒物质污染及防治对策研究等。

（3）食品安全。开展食品监测和评估研究；开展农药和兽药残留检测方法与技术、生物毒素和中毒控制常见毒物快速测定技术等急需的快速筛检方法研究；研究建立我国主要化学污染物和致病微生物的食品安全标准体系，以及进出口食品安全检测与管理预警系统；开展综合示范研究，以初步建立我国食品安全技术保障体系。

（4）水资源安全保障。重点开展水资源的合理配置、保护、调控及管理体系研究；重大调水工程的战略和关键技术研究；开发安全饮用水保障供给技术、工业和农业节水技术、空中水资源人工调控技术、污水资源化利用技术、雨洪利用技术、受污染水体修复技术等。

（5）油气资源安全保障。重点开展油气资源评价研究；开发高精度综合评价和复杂油田评价技术、隐蔽油气藏综合识别技术、非均质复杂油气藏的测井技术、优质高效钻井技术、大型油田稳产技术、稠油油藏和低渗透油藏开发技术；天然气开发技术和煤层气开发技术。

（6）战略矿产资源安全保障。重点开展固体矿产资源保障程度分析研究；开发矿产资源综合勘查与评价技术；低品位与难选冶矿有效利用技术与装备；大型矿产资源基地和我国优势矿产资源综合利用技术；低污染、低能耗、短流程强化冶炼技术；高附加值产品制备技术；矿山固体废弃物资源化利用技术和环境保护技术；非金属矿的高效利用技术；煤的高效生产和选煤技术与装备；盐湖资源的综合利用和深加工技术。

（7）海洋监测与资源开发利用。重点开展海洋环境监测技术、海洋环境预报技术、海洋信息技术、海洋生物技术、海水养殖技术、海洋活性物质开发利用技术、海水淡化、海水直接利用及海水化学资源利用技术、海洋滩涂开发技术、海洋油气高效勘探开发技术、深海资源勘探开发技术、河口海岸带治理与开发技术、海洋工程技术、海洋设施监测与修复技术和海洋环境保护技术。

（8）清洁能源与再生能源。围绕煤炭清洁利用，开发先进适用技术；研究燃料电池技术；开发农村小水电利用技术，加速农村生物质能利用技术的更新换代；发展沼气技术、太阳能利用技术、风能利用技术、地热直接利用和发电技术、潮汐能发电技术的试验和研究；加快氢能制取、储存和利用装置的开发步伐，取得技术上的突破。

（9）环境污染控制与生态综合治理。重点发展和完善主要环境污染物监测技术和设备，特殊污染物的监测技术和设备，烟气脱硫技术与设备、机动车污染控制技术，城市污水处理成套技术与装备；开展城市生活垃圾处理处置及资源化利用技术与装备，特殊危险废物及废旧家电的处理处置技术，低能耗高性能环境友好材料开发技术，化工、冶金、轻工等行业清洁生产工艺技术，生态环境监测技术，以及生态系统的评估研究；开发水土保持技术、防沙治沙技术、受污染土壤修复技术、脆弱生态地区的综合整治技术及矿山复垦技术研究。

（10）减灾防灾。重点开展自然灾害监测新技术和监测仪器设备研究，加强高技术在灾害监测领域的应用，进一步完善自然灾害监测系统；发展新一代预报技术，提高灾害预报的准确率、预报时效；发展自然灾害应急管理技术，建立信息决策支持系统；研究城市及基础设施的安全、风险评价和检测方法；研究建立综合性的风险评估技术体系，初步建立灾害快速评估和应急管理技术系统；加强综合减灾的科技示范。

（11）城市与小城镇建设。研究开发城市基础设施建设所需的关键技术；开发小城镇建设中所需的关键技术；开发市政设施优化运营管理技术、市政设施的服务与管理信息化技术、小城镇基础设施优化管理技术。

（12）全球环境问题。重点分析全球气候变化、生物多样性、臭氧层保护等国际公约对我国国民经济与社会发展相关领域的影响，开展有关重大科学问题研究，加强相关的基础性工作，研究提出履约的技术措施和对策，制定我国相关领域发展方向、产业布局与应采取的调整措施和对策。

16. 我国可持续发展工作的主管部门

我国可持续发展工作的主管部门是中国 21 世纪议程管理中心，该中心于 1994 年 3 月成立，是科技部直属事业单位，业务上由科技部和国家发展和改革委员会双重领导。主要负责开展《中国 21 世纪议程》及其优先项目的日常管理，开展可持续发展领域的战略研究、咨询活动和国际合作，开展国家科技计划中资源与环境领域的项目管理、成果推广和产业示范化工作等。其主要职能包括以下 11 个部分：

（1）承担中国 21 世纪议程项目管理的有关工作；

（2）承担国家高技术研究发展计划资源环境技术、海洋技术领域计划项目的过程管理和基础性工作；

（3）承担国家科技攻关计划中资源、环境、公共安全及其他社会事业等领域和城市发展相关项目的过程管理和基础性工作；

（4）承担国家科技基础条件平台建设计划中科学数据共享平台、社会发展领域国家工程中心等的有关工作，推动可持续发展信息共享工作；

（5）承担气候变化等全球环境科技工作的组织实施，承担清洁发展机制（CDM）等方面工作和项目的组织实施工作；

（6）承担区域科技发展的有关工作，以及可持续发展实验区管理工作，推动地方21世纪议程和地方可持续发展的实施工作；

（7）开展清洁生产、生态工业、循环经济，以及可持续发展领域的信息、技术与管理咨询服务，推动社会发展领域科技成果示范与推广，以及可持续发展能力建设工作；

（8）承担可持续发展等领域的国际科技合作与交流工作；

（9）研究可持续发展相关领域的发展状况、趋势和重大问题，为科技部的宏观决策提出建议与对策；

（10）承担有关司局委托的工作；

（11）承办部领导交办的其他工作。

17. 生态文明建设与草原可持续发展

党的十八大以来，习近平总书记高度重视生态文明建设，无论是在国内主持重要会议、考察调研，还是在国外访问、出席国际会议之际，多次强调建设生态文明、维护生态安全。2015年3月24日，中央政治局会议审议通过《关于加快推进生态文明建设的意见》，明确要求："推进新型工业化、城镇化、信息化、农业现代化和绿色化"。党的十八届五中全会又提出"绿色发展"理念。这是党中央根据十八大确立的政治、经济、社会、文化和生态文明"五位一体"的总体布局，首次明确提出"绿色化"的战略要求和"绿色发展"理念。生态文明不仅成为党的行动纲领，更成为一套科学的理论，即生态文明论。

草原是我国推进生态文明建设的重要组成部分。这些地区的自然资源较为丰富，生态环境较为脆弱，经济社会发展相对落后，也是少数民族聚集的地区。因此，草原生态文明建设不仅关系到地区社会经济的可持续发展，而且关系到全国生态文明建设的进程。近些年来，草原地区在推进生态文明发展上不断创新发展观念，在生态环境保护和建设、产业结构调整和发展上积极探索符合地区实际的措施和方法，取得了初步的成效。但随着社会经济的快速发展，也存在草地退化、土地荒漠化、沙化等生态环境问题，这些已经严重制约了地区经济社会的可持续发展。

18. 草原生态文明建设的对策和思路

加强生态道德教育，为生态文明建设提供精神动力。为了推进草原生态文明建设，实现地区社会经济可持续发展，应当高度重视农牧民生态文化心理和价值观的培养，通过各种宣传活动来传播绿色理念，加强生态伦理教育，唤起农牧民关爱草原的道德良知，培养热爱生态的道德情操；通过法律法规明确生态文明的内在要求，强化农牧民与自然相互依存的可持续发展价值观，对农牧民利用草原资源的行为加以规约。

在改变生产生活方式方面，应大力推进草原畜牧业经济发展，加强草原畜牧业设施建设；在半干旱的牧区半牧区，加强人工草地建设，发展高效草业；引导草原畜牧业生产方式转变，通过禁牧、休牧、补播改良等措施，恢复和提高天然草原生产能力，实行以草定畜、划区轮牧，合理利用草原资源，尽快扭转超载过牧的局面。此外，还应建立和完善草原保护建设可持续发展的长效机制。

在制度建设方面，继续推进和完善草原家庭承包制，严格执行草原的征占用审批程序，严格禁止开垦和控制征占用草原。在完善草原保护建设发展投入机制方面，应当将推进草原生态建设纳入公共财政预算，并设立专项资金，保证草原生态补助奖励机制政策的实施和推进。建立和健全草原生态监测预警体系，通过建立草原资源定位监测站，定期对草原的生产和资源利用保护等进行区域性监测。

19. 保护和建设草原的作用和意义

草原有着重要的生态、经济和社会功能：①草原是我国面积最大的绿色生态屏障，对维护国家生态安全至关重要；②草原是发展畜牧业的物质基础，农牧民的生产生活都离不开草原；③草原上生长着许多有重要经济和药用价值的野生植物，对开发优良遗传资源和发展医药业具有重要作用；④草原还是众多野生动植物的生长和栖息地，对维护生物多样性十分重要。因此，广大农牧民要切实发挥主人翁作用，高度重视草原保护建设，实现草原可持续利用。

20. 草原可持续发展与国家安全的关系

我国草原面积很大，草原生态环境近几年退化严重，影响到国家安全的许多方面，且多居边境，草原生态系统的可持续发展与草原文化、少数民族文化、宗教问题联系密切。

草原生态系统的退化对于国家安全的影响体现在以下方面：

（1）充当一定守边任务的牧民减少了生存和立地的空间。我国草原地区漫长的边境线，只能靠"边防军守口、武警守片、广大牧民守整个面"的军警民联防体系来保卫这里的边境安全。但由于水土流失严重，干旱少雨，荒漠化程度高，可供放牧的草场越来越少，生态环境越来越恶劣，许多地方牧民几近不能生存。在青海、宁夏、甘肃等省（区）相继出现了由于生态破坏而被迫迁移人口的事件。

（2）草原生态系统的退化可导致牧民的贫困，影响社会的稳定，进而会影响国家安全。我国草原牧区主要是少数民族聚居的地区，少数民族地区是我国草原的主体，我国草原牧区约有31个少数民族，人口约2200万人，约占全国少数民族总人口的1/3。

（3）在牧区，不同经济主体的矛盾尖锐化时会影响国家安全。

工业利益主体与具有土地所有权的牧民的矛盾。目前的问题是部分官员与商人违纪违规实施工业开发。滥开矿比滥开垦对草原生态环境破坏力更大，主要原因是私人成本远低于社会成本，破坏草原生态环境的外部性由土著牧民承担。这些占用均未给承包草场的牧户或村集体任何补偿，牧民告状频繁，干群关系紧张。

农业利益主体与具有土地所有权的牧民的矛盾。在草原从事农垦与从事草原畜牧业的两大利益主体的矛盾已历多年。靠天种地的粗放农业对牧场草地来说是一种破坏力量。而且凡是丢荒之地，在干旱地区植被破坏后，很快就会沙化，农耕所及，草场荒废。加上农业社区人口繁殖一定要扩大耕田面积，即使在较高的轮作和施肥的农业水平上，也会和牧民争夺土地。所以在这种条件下，农区和牧区既互相依存，需要互通有无，而又互相排斥，难于长期和平共存。这种关系在传统生产技术没有突破以前，决定了过去我国边区农牧接触界线上长期发生的"你去我来，我来你去"的拉锯局面。

在草原使用权上不同利益主体存在矛盾。表面上草场的使用权已明确给牧民，甚至所有权也为集体所有，按理只有集体经济组织成员才有初始承包经营权。但牧民的草原产权被破坏的情况屡见不鲜。例如，内蒙古新巴尔虎左旗诺门罕布日德苏木，给乡里的国家干部也划分了草场。

牧民内部不同利益主体的矛盾尖锐。牧业大户凭其已有的实力（政治、经济、技术、人力、管理方面），靠吃草资源的"大锅饭"、无偿占用牧业小户（少畜户或无畜户）的草场，而无节制地膨胀起来，从而使养畜户与少畜户、无畜户之间的贫富差距不断拉大。如此导致的恶果是，大户将自己承包的草场围住，保证小块草场生态环境受到保护，同时，将自己的家畜放到小户牧民牧场，造成超载过牧。小户牧民受到压迫，在小块草场放牧，也会造成过牧。

21. 草原可持续发展对水资源利用的影响

（1）对我国重要河流的影响。我国地形的三个阶梯形成西高东低，许多河流发源于高山冰川、高山草甸、草原，流经草原地区，进入平原汇入东海。我国的几条江河都是发源或流经草原地区，基本上是由西向东走向。我国西部草地，尤其是青藏高原及其周边草地起着"水塔"作用，由于草原生态系统的退化，三江源和环青海湖地区出现了气温升高、降水减少、蒸发量增大的干旱化趋势，并造成冰川萎缩、湖泊水位下降、河流径流减少等一系列生态问题。

（2）对草原地区降雨量的影响。草原生态系统的退化使降雨量普遍减少，气候变干，灾害增多。20世纪50年代，内蒙古从东到西降雨量为500~300~150毫米，现在降到300~200~100毫米。由于干旱少雨，地下水位下降，大中城市普遍下降2毫米左右。内蒙古鄂尔多斯市1927~1957年30年中有3次大旱灾，干旱周期为10年，1958~1965年中有一次大旱灾，干旱周期为8年，1966~1985年发生了4次旱灾，干旱周期为5年，最近周期为3年。

（3）对草原湿地的影响。草原湿地是草原的独特生态系统，是最富有生产力的生态系统之一；干旱、半干旱的草原地带性气候具有调节当地气候、稳定降水、涵养水源、补充与释放地下水、保持水土、防止风沙、防止旱涝灾害等重要生态功能。由此，草原生态学家称草原湿地为"草原之肾"。目前越来越多的湖泊干涸，在20世纪50年代，面积大于15平方公里的湖泊，新疆有15个，现已完全干涸的有5个，面积正在缩小的有5个，使目前新疆湖泊水域面积相当于50年代的50%左右。许多滩地草原(蒙古语称之为柴达木)都被沙漠所掩埋，滩地草原比50年代减少了1/3多。

22. 草原可持续发展对生物物种数量的影响

草原生态系统孕育着多种生物物种，生态系统平衡指生物及其与环境形成的生态复合体、相关生态过程达到一种平衡的状态，保证物种多样性、遗传多样性和生态系统多样性。这种平衡特殊的重要性体现在物种一旦灭绝就永远消失了，人力无法使其重新恢复。

人类的未来与可供替代的基因物质有密不可分的联系。有环境经济学家认为，保护生物多样性的价值重要性在于它关系到人类在这个地球上的适当位置，地球除了人类以外，还有众多的生命形式。它关系到人类同围绕在人类四周，并最终支援人类的所有其他生命之间的联系。草原为人类提供了一个丰富的基因库。据初步调查，我国北方草原上各种牧草有4000多种，建群种为45个，禾本科居首位，约33种，以针草属为主，南方草地上饲用植物达5000种。我国是世界上牧草资源最丰富的国家,世界上大部分栽培了的优良牧草,我国都有野生种。除植物外,在蒙古高原,野生动物本是十分丰富的,仅在《蒙古秘史》这一部历史著作中,就能查到52种之多,内蒙古共有野生植物2800余种,重点保护植物100余种,野生鱼类80余种,两栖爬行类20余种,鸟类370余种,兽类100余种,国家重点保护动物近百种。

草原生态经济系统退化,就会造成生物结构的单一化。随着草原生态系统的退化,大量地下物种迅速消失。

23. 草原恶化的危害

草原恶化是在草原生态系统演化过程中,其结构特征和能流与物质循环等功能过程的恶化,即生物群落(植物、动物、微生物群落)及其赖以生存环境的恶化,既包括"草"的恶化,也包括"地"的恶化。不仅反映在构成草原生态系统的非生物因素上,也反映在生产者、消费者、分解者三种生物组成上,因而草原恶化是整个草原生态系统的恶化。这种恶化不仅影响了人类的生存环境,还将产生一系列的生态、经济和社会问题。

(1)生态功能减退。草原的恶化使草原失去了表层植被的覆盖,致使大气降水减少、地下水位下降、空气干燥、风沙流速加快、水土严重流失,同时,绿色植被的减少降低了草原的碳汇能力,致使大气质量下降。这种恶性循环严重影响了草原保持水土、防风固沙、调节气候、净化空气的生态功能,以及人类的生产、生活环境。

(2)自然灾害频发。草原的恶化破坏了生态的平衡,加剧了土地的沙漠化,致使沙尘暴频繁发生。此外,草原鼠虫灾害、草原雪灾、草原旱灾和草原蝗灾等自然灾害与草原恶化也有一定的关系。

（3）生物多样性丧失。草原的恶化导致生态系统失衡，加剧草原生物多样性的丧失。草原恶化使生物多样性破坏的主要表现是动植物物种的减少和区系的简单化。天然草原的恶化，植物减少，也使生活在草原的野生动物陷入危机，种群数量锐减，群系简单化，大多数种类濒临灭种。

（4）农牧民收入下降。草原的恶化导致白灾、旱灾、蝗灾频发，返贫致困人口激增。

（5）生态难民增多。草原荒漠化的肆虐严重缩小了人类的生存空间和发展空间。草原植被低矮，能够有效降低近地面的风沙流动。例如，甘肃省民勤县没有植被的沙地，每年断面上通过的沙量平均为 11 米^3/米，而在盖度为 60% 的草原，过沙量只有 0.5 米^3/米，只占前者的 1/22。草原的不断恶化导致我国牧区沙漠面积的扩大，目前我国总沙漠化面积相当于 10 个广东省面积，并以 5 年一个北京市的面积扩大。这直接导致数万农牧民丧失生计来源，沦为生态难民。

（6）草原文化面临丢失。草原是草原文化的载体，草原的恶化最终必然导致草原文化的消亡。草原的恶化导致牧民的生活环境受到限制，经济发展受到阻碍，一些牧民不得不放弃草原放牧生活，所继承的草原文化也随之而去。例如，一些蒙古族人为了子女未来有更好的生活条件，不得不把子女送入汉族学校，很多蒙古族孩子最终不会说蒙语，导致民族语言面临丢失。

24. 草原水土流失的危害

草原生态环境直接关系到国民经济与社会发展的生态安全和资源安全。我国的地形西高东低，草原大多位于黄河、长江、淮河、珠江等几大水系的源头和中上游地区，是我国工农业生产的重要生态屏障，对减少地表水冲刷和大江大河泥沙淤积，降低水灾隐患具有重大的战略意义。由于草原水土流失，已沙化和表面覆沙的草原面积达 8000 万公顷，相当于整个内蒙古草原的面积，其中中度退化（包括沙化、碱化）的面积达 1.3 亿公顷，并且以每年 200 万公顷的速度增加。这些沙化的草原位于我国中部和东部的上风头，是我国沙尘暴的主要沙源地和尘源地。草原生态环境的日趋恶化，沙尘暴、荒漠化的不断加剧，对中华民族的生存和发展基础构成了严重的威胁。伴随着草原的水土流失，草原的畜牧业也受到了严重的破坏，牧民的生活就会受到影响。

具体而言，水土流失使土壤的理化条件受到破坏，草原土壤瘠薄，有效养分缺乏，基础肥力低。另外，流失的水土携带大量的有机质流入江河，造成了水体的富营养化，污染了水质。

25. 导致草原恶化的因素

草原恶化源于两大因素，一是自然因素，二是人为因素，其中人为因素更为主要。自然与人为因素往往还相互作用，更加剧了草原的恶化。

（1）自然因素。在草原恶化的自然因素中，首当其冲的是全球气候变化。在全球变暖的影响下，我国草原面临着严重的干旱威胁。其次，自然灾害如旱涝、冰雹、风沙、白灾、火灾等也会加剧草原的恶化。

（2）人为因素。随着人口不断增加，草原面临着巨大的压力，同时受利益驱使，人类开始对草原进行不合理的开发利用，包括开垦草原、过度放牧、不合理割草、非法采挖草原植被等，加剧了草原的恶化。

第一，20 世纪以来，草原地区的人口增长及大量移民的涌入，已经远远超出了草原生态系统所能承受的警戒线。

第二，开垦草原加剧了我国草原退化、沙化、盐碱化、破碎化和农田化。

第三，过度放牧不仅会对植物，也会对土壤产生不良影响。我国受"重牧轻草"思想的影响，长期"以牲畜多少论发展，以头数多少论贫富"来评价畜牧业发展，使草原超载过牧日益严重，导致优质牧草的更新受到抑制，而劣质牧草得以增长，造成草原恶化。

第四，由于牧区牲畜数量的增加，打草场的利用常常采用在每年的同一时间大面积刈割的方式进行连年割草。这种利用方式使得某些在割草期尚未达到种子成熟的植物丧失了种子繁育与更新的机会，同时也没有给其他草种以足够的恢复期，而且刈割后不能进行施肥和灌溉，培育管理措施也跟不上。对于草原生态系统来说，连年割草输出大于输入，营养元素不平衡，将会造成草原生产力下降，草原地上生物量大幅度降低，草原明显恶化。

第五，长期挖坑、耧耙、砍伐等活动，严重破坏草原植被、土壤或地表结构，从而引起草原恶化。

第六，其他不合理行为也会导致草原恶化。例如，开采矿产资源容易诱发矿区草原恶化，恢复缓慢。不适当的建厂、修路及城镇建设等也对草原生态环境造成破坏、污染。过量开采草原牧区的地下水，使得生态用水不断减少，也会造成草原植被衰退，生态环境恶化，如盲目地开发饲草料地、打井、耗竭生态用水等。

此外，我国广大农牧交错带的农业内部结构不合理，农业比重过大，致使整个农牧系统超负荷运转，草原生态系统严重受损。

26. 草原可持续发展的重点

第一，草原资源保护。坚持保护优先、开发有序的原则，以控制不合理的资源开发利用为重点，强化草原资源保护，实现资源有效保护和合理利用的良性循环，促进生态效益、社会效益和经济效益的协调统一。

第二，草原生态建设。尊重自然规律和经济规律，坚持生态优先，以草原生态建设工程为载体，以法制为保障，以科技为支撑，以机制创新为动力，全面保护、重点建设、合理利用。

第三，草原经济发展。坚持经济发展和生态环境保护协调并重，适度开发草地资源，发挥区域优势，加强草业市场经济体系建设，积极推进草业生产方式转变，建立和完善草业经济可持续发展体系，使草业经济成为牧区的支柱产业、半农半牧区的主导产业、农区的重要经济增长点。

第四，草原科技教育发展。深入实施科教兴草和人才强草战略，努力增强自主创新能力和科技成果转化能力，提升产业整体技术水平。

第五，草原产业化发展。以科技为先导，加大政策及资金扶持力度，完善草业产业化经营机制，推动草种业、牧草种植业、草地畜牧业、草产品加工业、草坪业等草业主体产业的快速发展，带动草业特色产业发展，提升草业产业化整体水平。

此外，还要注意防灾减灾和保障体系的发展。

三

草原可持续发展的管理与政策

27. 国家层面草原管理的主要政策

表 3-1 为 2005~2014 年中央一号文件中关于草原保护年度工作的部署，可以反映近十年我国草原政策的变化，表中政策内容重点的变迁总结为以下几个方面：

（1）草原政策的重心逐渐从"保护"到"补助奖励"转变，前期的政策重心在于草原的保护，强调"生态效益"，后期的政策逐渐开始兼顾牧民的利益，补偿手段也逐渐多样化。

（2）草原政策从单一的草地保护向多元、多层次的配套体系发展，围绕"退牧还草"，逐渐强调技术推广层面、制度层面和监管层面的政策。

（3）对于草原保护的重视程度逐渐加强，从政策实施的范围、力度和手段都反映了中央对于草原保护越来越重视。

表3-1　2005~2014年中央一号文件草原政策相关摘录

时间	草原保护政策
2005 年	进一步加强草原建设和保护，加快实施退牧还草工程，做好放牧、轮牧、休牧等生产区水利建设
2006 年	（1）继续推进退牧还草、山区综合开发； （2）建立和完善生态补偿机制
2007 年	（1）完善森林生态效益补偿基金制度，探索建立草原生态补偿机制； （2）加快实施退牧还草工程
2008 年	（1）建立健全森林、草原和水土保持生态效益补偿制度，多渠道筹集补偿资金，增强生态功能； （2）落实草畜平衡制度，推进退牧还草，发展牧区水利，兴建人工草场

续表

时间	草原保护政策
2009 年	（1）扩大退牧还草工程实施范围，加强人工饲草地和灌溉草场建设； （2）提高中央财政森林生态效益补偿标准，启动草原、湿地、水土保持等生态效益补偿试点
2010 年	（1）加大力度筹集森林、草原、水土保持等生态效益补偿资金； （2）切实加强草原生态保护建设，加大退牧还草工程实施力度，延长实施年限，适当提高补贴标准； （3）落实草畜平衡制度，继续推行禁牧休牧轮牧，发展舍饲圈养，做好人工饲草地和牧区水利建设
2011 年	（1）加强水利建设，坚持民生优先； （2）抓好水土保持和水生态保护
2012 年	（1）扩大退牧还草工程实施范围，支持草原围栏、饲草基地、牲畜棚圈建设和重度退化草原改良； （2）加强牧区半牧区草原监理工作
2013 年	（1）探索建立严格的工商企业租赁农户承包耕地（林地、草原）准入和监管制度； （2）加快推进牧区草原承包工作，启动牧区草原承包经营权确权登记颁证试点； （3）继续实施草原生态保护补助奖励政策
2014 年	（1）继续在陡坡耕地、严重沙化耕地、重要水源地实施退耕还林还草； （2）加大天然草原退牧还草工程实施力度，启动南方草地开发利用和草原自然保护区建设工程

28. 我国草原管理的主要法律法规

草原法律法规在国家层面的立法如表 3-2 所示，从表中可以看出我国对于草原管理的法律法规处于不断地完善和细化过程中，自从《中华人民共和国草原法》实施以来，各种实施细则和意见不断出台，体现了国家对于草原管理法律建设的重视。

关于草原可持续发展的法律法规主要为《国务院关于加强草原保护与建设的若干意见》《草原生态保护补助奖励机制政策》《完善退牧还草政策》，其核心内容包括以下几个方面：

（1）建立基本草地保护制度；

（2）实行草畜平衡制度；

（3）推行划区轮牧、休牧和禁牧制度；实施禁牧补助、草畜平衡奖励及生产性补助。

表 3-2　2002~2011年国家制定有关草原保护的相关法律法规

时间	名称	主要内容
2002年	《中华人民共和国草原法》(修订)	规定草原属于国家所有，由法律规定属于集体所有的除外。国家所有的草原，可以依法确定给全民所有制单位、集体经济组织等使用。草原承包经营权受法律保护，可以按照自愿、有偿的原则依法转让
	《国务院关于加强草原保护与建设的若干意见》	建立基本草地保护制度；实行草畜平衡制度；推行划区轮牧、休牧和禁牧制度
2003年	《关于进一步做好退牧还草工程实施工作的通知》	建立基本草地保护制度；实行草畜平衡制度；推行划区轮牧、休牧和禁牧制度。完善实施方案，落实工程项目；推进家庭承包，明确权利义务；加强监督管理，实现草畜平衡；强化科技支撑，转变生产方式
2005年	《中华人民共和国畜牧法》	国家支持畜牧业发展，发挥畜牧业在发展农业、农村经济和增加农民收入中的作用。国家帮助和扶持少数民族地区、贫困地区畜牧业的发展，保护和合理利用草原，改善畜牧业生产条件
2006年	《草原征占用审核审批管理办法》	加强草原征占用的监督管理，规范草原征占用的审核审批，保护草原资源和环境，维护农牧民的合法权益
2010年	《国家草原生态保护补助奖励政策》	制定了草原生态保护补助奖励的具体标准，具体包括：禁牧补助、草畜平衡奖励及生产性补助
2011年	《关于促进牧区又好又快发展的若干意见》	指出了促进牧区又好又快发展的意义、方针及总体要求，并给出了牧区新时期发展的意见，主要包括：加强草原生态保护建设，提高可持续发展能力；加快转变发展方式，积极发展现代草原畜牧业；促进牧区经济发展，拓宽牧民增收和就业渠道；大力发展公共事业，切实保障和改善民生；切实加强对牧区工作的组织领导
	《完善退牧还草政策》	给出了完善退耕还草政策的要求，包括：合理布局草原围栏；配套建设舍饲棚圈和人工饲草地；提高中央投资补助比例和标准；饲料粮补助改为草原生态保护补助奖励

29.《中华人民共和国草原法》的颁布

《中华人民共和国草原法》（以下简称《草原法》）是为了依法治草，有效保护、建设和合理利用草原，改善生态环境，维护生物多样性，发展现代畜牧业，促进经济和社会的可持续发展而制定的。1985年6月18日第六届全国人民代表大会常务委员会第十一次会议通过，自1985年10月1日起施行。2002年12月28日第九届全国人民代表大会常务委员会第三十一次会议修订，自2003年3月1日起施行，一般称为新《草原法》。

30. 新《草原法》的特点

新《草原法》的特点是：明确了国家对草原实行科学规划、全面保护、重点建设和合理利用的方针；完善了草原权属和草原承包方面的规定；明确了国家对草原保护、建设和利用实行统一规划的制度；规定了各级人民政府在草原保护与建设方面的职责和义务；提出了科学利用草原，实行划区轮牧、牲畜舍饲圈养等合理利用草原的规定；强化了对草原的保护，做出建立基本草原保护、草畜平衡、禁牧休牧制度及禁止开垦草原等规定；新增了加强草原监督管理机构和执法队伍建设的内容；充实和完善了法律责任，加大了对各种违法行为的处罚力度。

新《草原法》最大的特点就是把草原作为一个系统来管理，把人、畜、草地都包括进来，草地的生态意义、草地的生产意义、草地的持续发展等都有涉及。草原的概念涉及《草原法》的适用范围，由于现行《草原法》对草原这一基本概念给出了明确的定义：本法所称草原，是指天然草原和人工草地。同时规定："天然草原包括草地、草山和草坡，人工草地包括改良草地和退耕还草地，不包括城市园林草地。"这将是沟通传统农耕区和畜牧区的纽带，也是打破两者间壁垒的突破口，将为农牧结合的新型草地农业系统提供保障。这是一个具有里程碑性质的大跨越。新《草原法》所产生的影响超越草原本身，在农业结构调整中发挥重大作用。

31. 农牧民学习《草原法》的必要性

农牧民是草原保护建设的主体，草原是农牧民赖以生存和发展的物质基础。

农牧民学习《草原法》是十分必要的，一方面能够增强自身的法律意识，避免因不了解法律规定而做违法的事情；另一方面，当自己的合法权益受到侵犯时，能够正确运用法律武器来维护自己的权益。

32. 农牧民在草原保护方面的权利和义务

《草原法》规定，任何单位和个人都有遵守草原法律法规、保护草原的义务，同时享有对违反草原法律法规、破坏草原的行为进行监督、检举和控告的权利。这就是说，公民不但要自觉遵守草原法律法规，不做违反法律法规的事情，同时对其他单位或个人破坏草原、违反草原法的行为，有权向草原行政主管部门或者向人民政府其他机关提出举报、控告和检举。

33.《草原法》对草原保护的规定

根据我国《草原法》等法律规定，国家对重要放牧场、割草地，用于畜牧业生产的人工草地、退耕还草地及改良草地、草种基地等基本草原实行保护制度。

具体措施主要如下：

第一，国务院草原行政主管部门或者省（自治区、直辖市）人民政府可以按照自然保护区管理的有关规定在具有代表性的草原类型、珍稀濒危野生动植物分布区、具有重要生态功能和经济科研价值的草原建立草原自然保护区。

第二，依法加强对草原珍稀濒危野生植物和种质资源的保护、管理。

第三，实行以草定畜、草畜平衡制度。

第四，禁止开垦草原。对水土流失严重、有沙化趋势、需要改善生态环境的已垦草原，应当有计划、有步骤地退耕还草；已造成沙化、盐碱化、石漠化的，限期治理。

第五，对严重退化、沙化、盐碱化、石漠化的草原和生态脆弱区的草原，实行禁牧、休牧制度。

第六，禁止在荒漠、半荒漠和严重退化、沙化、盐碱化、石漠化、水土流失的草原，以及生态脆弱区的草原上采挖植物和从事破坏草原植被的其他活动。

第七，做好草原鼠害、病虫害和毒害草防治的组织管理工作。禁止在草原上使用剧毒、高残留及可能导致二次中毒的农药。

34.《草原法》对草原权属的规定

草原权属不清，就会导致草原保护责任不明和滥用草原的情况发生。为了保护草原，必须明确草原的所有权和使用权。对此，我国《草原法》规定了两种所有权：

（1）国家所有。即除由法律规定属于集体所有的草原外，全民所有的草原由国务院代表国家行使所有权，任何单位和个人不得侵占、买卖或者以其他形式非法转让草原。

（2）集体所有。《草原法》第9条规定："草原属于国家所有，由法律规定属于集体所有的除外。国家所有的草原，由国务院代表国家行使所有权。任何单位或者个人不得侵占、买卖或者以其他形式非法转让草原。"

《草原法》第 10 条规定："国家所有的草原，可以依法确定给全民所有制单位、集体经济组织等使用。使用草原的单位，应当履行保护、建设和合理利用草原的义务。"国家所有的草原，可以依法确定给全民所有制单位、集体经济组织等使用，并由县级以上人民政府登记，核发使用权证，确认草原使用权。未确定使用权的国家所有的草原，由县级人民政府登记，核发所有权证，确认草原所有权。依法改变草原权属的应当办理草原权属变更登记手续。《草原法》第 11 条规定："依法确定给全民所有制单位、集体经济组织等使用的国家所有的草原，由县级以上人民政府登记，核发使用权证，确认草原使用权。未确定使用权的国家所有的草原，由县级以上人民政府登记造册，并负责保护管理。集体所有的草原，由县级人民政府登记，核发所有权证，确认草原所有权。依法改变草原权属的，应当办理草原权属变更登记手续。"《草原法》第 12 条规定："依法登记的草原所有权和使用权受法律保护，任何单位或者个人不得侵犯。"

35.《草原法》对草原合理利用的规定

我国《草原法》规定的对草原合理利用的主要指导思想如下：

（1）改善生态环境，维护生物多样性，促进草原的可持续利用；

（2）以现有草原为基础，因地制宜，统筹规划，分类利用；

（3）保护为主、加强建设、分批改良、合理利用；

（4）生态效益、经济效益、社会效益相结合。

根据这些指导思想，我国《草原法》对草原的合理利用问题建立了如下的制度：

根据《草原法》第 18 条"编制草原保护、建设、利用规划，应当依据国民经济和社会发展规划"的规定。可见,我国确立了草原规划制度。

《草原法》第33条规定:"草原承包经营者应当合理利用草原,不得超过草原行政主管部门核定的载畜量;草原承包经营者应当采取种植和储备饲草饲料、增加饲草饲料供应量、调剂处理牲畜、优化畜群结构、提高出栏率等措施,保持草畜平衡。草原载畜量标准和草畜平衡管理办法由国务院草原行政主管部门规定。"第34条规定:"牧区的草原承包经营者应当实行划区轮牧,合理配置畜群,均衡利用草原。"第35条规定:"国家提倡在农区、半农半牧区和有条件的牧区实行牲畜圈养。草原承包经营者应当按照饲养牲畜的种类和数量,调剂、储备饲草饲料,采用青贮和饲草饲料加工等新技术,逐步改变依赖天然草地放牧的生产方式。在草原禁牧、休牧、轮牧区,国家对实行舍饲圈养的给予粮食和资金补助,具体办法由国务院或者国务院授权的有关部门规定。"

《草原法》第36条规定:"县级以上地方人民政府草原行政主管部门对割草场和野生草种基地应当规定合理的割草期、采种期以及留茬高度和采割强度,实行轮割轮采。"第37条规定:"遇到自然灾害等特殊情况,需要临时调剂使用草原的,按照自愿互利的原则,由双方协商解决;需要跨县临时调剂使用草原的,由有关县级人民政府或者共同的上级人民政府组织协商解决。"

36. 我国草原管理机构设置及职责

我国草原管理工作是国家行政管理工作中的一项重要内容,国务院和地方各级人民政府都负有管理草原的职责,均应设立专门机构管理草原工作。《草原法》第3条规定:"国务院农牧业部门主管全国的草原管理工作,县级以上地方人民政府农牧业部门主管本行政区域内的草原管理工作"。根据此规定,国家在农牧业部门设立草原管理机构，负责管理全国草原；各省、自治区、直辖市、自治州、自治县，根据需要在本辖区的农牧业部门设立草原管理机构，负责本行政区域内的草原工作。

草原管理机构的主要职责如下：

（1）宣传贯彻执行草原法规，检查督促草原保护、管理、建设、利用的法规、政策的具体实施；

（2）根据法律规定的管理职权，办理草原所有权和使用权的审核登记，发放草原所有证和使用证；

（3）处理草原所有权和使用权的争议和违反草原法的行为；

（4）审批草原征用和临时使用、草原开垦、在草原上猎捕野生动物和采集野生植物及刮碱土、挖沙石、泥土等事项；

（5）会同有关部门做好草原防火工作；

（6）对执行《草原法》的各种情况，依照法定条件进行奖励和处罚。

37. 我国草原生态保护措施

我国草原生态保护的关键是认识草原的多功能及其保护的意义，正确处理草原的经济功能和生态价值，实行统一规划、分类管理、科学经营、严格管护的原则，合理利用和保护草原，防止草原退化。具体措施包括：一是牧区移民减少草原生态压力；二是调整产业结构，对于生态环境已经退化的地区实施退牧还草、退耕还草，并通过农畜产品加工业，带动区域经济的发展；三是严格实行以草定畜；四是大力发展人工种草，建立牧草繁殖基地，提高草地生产力；五是逐步推广天然草原放牧转变为舍饲圈养，加强草原鼠虫害为重点的草原灾害监测预警体系建设，提高灾害防控能力；六是加强草原自然保护区建设，对"三化"的草原进行有效的治理。环境保护部的《全国生态脆弱区保护规划纲要》(2008年9月)中，就防风固沙重要区作为重点生态脆弱区进行了具体的规划，明确了建设任务，是今后重点地区生态保护工作的指南。

38. 我国治理草原恶化措施

（1）技术支持。现代草原管理是发展草业生产、保障草原资源可持续利用，因此，科学技术是关键问题。事实上，我国草原保护建设长期依赖于自然科学技术手段。特别是近年来，农业部和各地草业部门不断加大草原保护建设自然科学技术的投入与力度，转变草原畜牧业生产方式，增强草业科技支撑能力，逐步减轻天然草原牲畜放牧压力，草原超载率持续下降，科学合理地开发利用草原的水平有所提高。

（2）政策导向。草原资源的政策管理主要讨论国家和政府的政策对草原经营、开发、利用、保护、建设方面的影响，包括正面和负面的影响。改革开放以来，我国制定了一系列草原保护建设的方针政策，如2002年国务院颁布的《关于加强草原保护与建设的若干意见》，这是新中国成立以来我国关于草原保护建设的第一个专门性文件。党的十六大确立了科学发展观，十七大提出了"走中国特色农业现代化道路"和"建设生态文明"的新要求，十八大则提出"树立尊重自然、顺应自然、保护自然的生态文明理念"。这些都是草原保护建设的纲领性文件，为草原保护建设奠定了坚实的基础，指明了方向。

（3）经济手段。我国政府也注重对草原保护建设的经济投入，以此来支撑草原围栏扩大、人工饲草料基地、牲畜棚圈、牧草加工机械等基础设施建设，为农牧民转变畜牧业生产方式创造条件。近年来，随着草原生态保护力度的加强，国家明显加大了对草原建设的投入力度。同时，国家积极推行草畜平衡和草原禁牧休牧轮牧制度，并给牧民以足够的补贴，逐步使合理利用草原成为农牧民的自觉行为。另外，在开发利用草原资源时，国家逐渐加强综合开发、合理利用，适当发展特色经济（如草原旅游业）、优势产业（如奶业），以优势产业为龙头带动地方经济发展，加快推进草原畜牧业生产方式转变。

（4）法律措施。法律不仅可以惩治人为破坏草原的行为，而且能够起到预防草原违法行为的作用。由于在实践中，草原的破坏主要是人为的，而我们所说的保护草原主要也是针对人为的草原破坏，所以适用法律为草原保护提供制度上的支撑至关重要。我国在1979年以前，草原保护的立法规范都是散见于其他一些法律法规之中的零星规定。1979年以后，我国草原立法开始了较快地发展，目前关于草原保护的立法主要有《草原法》《农业法》《环境保护法》《畜牧法》《水法》《防沙治沙法》《草原防火条例》《野生植物保护条例》《土地承包法》等法律法规，农业部和各地方还出台了配套法规规章。

39. 什么是生态补偿

生态补偿是以保护和可持续利用生态系统服务为目的，以经济手段为主调节相关者利益关系的制度安排。更详细地说，生态补偿机制是以保护生态环境，促进人与自然和谐发展为目的，根据生态系统服务价值、生态保护成本、发展机会成本，运用政府和市场手段，调节生态保护利益相关者之间利益关系的公共制度（图3-1）。

生态补偿的主要内容应包括以下几方面：一是对生态系统本身保护（恢复）

或破坏的成本进行补偿；二是通过经济手段将经济效益的外部性内部化；三是对个人或区域保护生态系统和环境的投入或放弃发展机会的损失的经济补偿；四是对具有重大生态价值的区域或对象进行保护性投入。生态补偿机制的建立是以内化外部成本为原则，对保护行为的外部经济性的补偿依据，是保护者为改善生态服务功能所付出的额外的保护与相关建设成本和为此而牺牲的发展机会成本；对破坏行为的外部不经济性的补偿依据是恢复生态服务功能的成本和因破坏行为造成的被补偿者发展机会成本的损失。

生态补偿机制最需要明确的是建立一个具有战略性、全局性和前瞻性的总体框架，并处理好利益与责任的关系

图3-1　生态补偿平衡模式示意图

40. 建立草原生态保护补助奖励机制的缘由

目前，我国草原生态保护和牧民增收问题面临严峻形势。一是草原退化严重，可利用面积减少，生态功能弱化。二是牧民就业渠道窄，生产生活成本高，收入积累缓慢。由于语言、生活习惯等因素影响，牧民转移就业难度较大，收入主要来源于草原畜牧业。但牧业生产成本较高，牧民依靠畜牧业增收乏力。

三是草原保护投入不足，生产扶持力度弱，牧区发展可持续性不强。近年来国家在牧区教育、医疗卫生、社会保障等社会事业方面投入较多，但对草原生态保护和牧业生产的投入力度不足，惠牧的生产性补贴政策明显少于惠农的政策。因此，要建立草原生态保护补助奖励机制，坚持以人为本、统筹兼顾，加强草原生态保护，转变畜牧业发展方式，促进牧民持续增收。

41. 建立草原生态保护补助奖励机制的意义

建立草原生态保护补助奖励机制具有重大的战略意义和现实意义。

一是有利于改善草原生态环境，保障国家生态安全。我国60亿亩[①]天然草原是陆地生态系统的主体，具有调节气候、涵养水源、保持水土、净化空气等多种生态功能。青藏高原生态系统是我国水资源的主要发源地和涵养区，内蒙古、新疆草原牧区是我国华北和西北的两大生态屏障。从战略高度加以重视，切实改善草原生态环境，直接关系到牧区乃至全国的生态安全。

二是有利于统筹城乡和区域协调发展，推动落实科学发展观。我国草原牧区主要集中在西部地区，属于边远地区、落后地区和生态脆弱区，也是全面建设小康社会的重点地区和难点地区。与农业相比，牧业抵御风险的能力更弱；与农民相比，牧民的增收渠道更单一；与农区相比，牧区统筹城乡发展的难度更大。草原生态恶化、承载力下降，牧民增收缓慢，还将使农区和牧区经济社会发展差距进一步拉大。建立草原生态保护补助奖励机制，从增加牧民收入、促进牧业发展入手，可以有力增强牧区发展后劲，为推动城乡、区域协调发展做出贡献。

① 1亩≈666.7平方米。

三是有利于维护民族团结和边疆稳定，促进构建和谐社会。我国草原牧区既是少数民族分布最集中的地区，又与12个国家接壤，涵盖62%的陆地边界线，承担着守土护边的重要职责。通过采取有效措施，增加牧民收入，提高牧民物质文化生活水平，能够为维持安定和谐的社会秩序奠定坚实的基础。

42. 草原生态保护补助奖励政策的指导思想和主要目标

指导思想是以科学发展观为指导，坚持生态优先，以保护草原生态、促进牧民增收为目的，以落实草原经营管理制度为基础，以强化草原执法监督为保障，以加强草原动态监测和技术推广为支撑，充分发挥牧民的主体作用，全面落实补奖政策，转变草原畜牧业生产方式，增强畜产品生产和供给能力，稳定提高农牧民收入，促进草原牧区可持续发展。

主要目标是通过落实补奖政策，进一步巩固草原保护建设成果，推动基本草原划定，完善草原家庭承包经营，落实草原禁牧、草畜平衡制度，改善草原生态环境；调整牧草种植结构，加强优良牧草种植基地建设，为减轻草场压力、发展草业提供物质基础；改良畜牧品种，开展舍饲养殖和异地育肥，转变草原畜牧业生产方式，拓宽农牧民增收渠道，增加农牧民收入，切实做到"禁牧不禁养、减畜不减肉、减畜不减收"。

43. 草原生态保护补助奖励政策的原则

（1）以人为本，协调发展。树立以人为本的理念，正确处理草原牧区人、畜、草的关系和牧民生产、生活、生态的关系，推动草原畜牧业提质增效，促进农牧民收入增长，改善农牧民的生产生活条件，实现草原牧区人与自然、经济社会与生态环境协调发展。

（2）政府主导，牧民自愿。充分发挥各级政府的主导作用，广泛调动社会各方面的积极性。尊重农牧民意愿，发挥农牧民主体作用，明确农牧民权利和义务，全面落实各项政策措施，确保农牧民在政策落实中直接受益。

（3）强化基础，健全制度。做好基本草原划定、草原规范承包、基础数据核实等各项基础工作，为补奖政策落实创造条件。制定工作规程和管理制度，加大落实和执法监督力度，构建补奖政策落实的长效机制。

（4）封顶保底，注重公平。充分发挥补奖政策的引导和促进作用，注重各区域间的合理公平，在与退牧还草饲料粮补助政策合理衔接的基础上，确定符合实际的补奖标准。参照上年度农牧民人均纯收入水平，对每户的禁牧补助和草畜平衡奖励资金发放总额度实行封顶保底。封顶保底的标准由各市州政府根据实际研究确定，并报省落实草原生态保护补助奖励机制政策工作领导小组审核后实施。

（5）明确责任，稳步推进。明确各级政府及有关部门的责任，分级落实，积极实施，稳步推进。因地制宜，科学编制实施方案，加强工作指导，广泛听取群众意见，注重政策落实，确保取得实际成效。

44. 草原生态保护补助奖励政策的重点内容

（1）实施禁牧补助。按照国家"对生态脆弱、生存环境恶劣、草场严重退化、不宜放牧，以及位于大江大河水源涵养区的草原实行禁牧封育"的要求，对退化、沙化、盐渍化严重的天然草原，以及黄河、长江和内陆河的重要水源涵养区和生态功能区的天然草原实行禁牧封育，落实禁牧草原。各市州要以核定的禁牧面积为基础，以乡镇或村组为基本单元，确定禁牧区域，并将禁牧任务分解落实到县（市、区）、乡镇、村、户，明确禁牧要求，层层签订禁牧管护责任书，严格落实禁牧制度，减轻天然草原放牧压力，促进草原植被恢复。根据国家草原生态补奖政策的规定，对禁牧草原，用中央财政下达的禁牧补助资金对实施禁牧的农牧户给予补助。5年为1个禁牧补助周期，禁牧期满后，根据草场生态功能恢复情况，继续实施禁牧或者转入草畜平衡管理。对落实禁牧措施、实行禁牧管护的农牧户，在核实造册、张榜公示的基础上，将禁牧补助资金通过惠农财政补贴"一册明、一折统"的方式，直接发放到户。

（2）实行草畜平衡奖励。根据草畜平衡区牲畜超载数量，充分考虑牲畜品种改良、开展舍饲圈养和异地育肥、加快出栏周转、加强饲草料基地建设、转化利用农作物秸秆等支撑因素，计划完成超载牲畜的减畜任务。各市州要将具体的减畜任务及数量分解落实到县（市、区）、乡镇、村、户，明确减少放牧牲畜、牧草恢复生长和草畜平衡的要求，层层签订草畜平衡及减畜责任书，落实减畜任务，实现草畜平衡的目标。对实行草畜平衡管理的草原，在根据载畜能力合理核定载畜量、制定并完成减畜计划的基础上，用中央财政下达的奖励资金给实施草畜平衡的农牧户进行奖励。对落实草畜平衡面积、确认超载牲畜数量、制定了减畜计划并完成年度减畜任务、草原植被恢复生长、实现年度草畜平衡的农牧户，在核实造册、张榜公示的基础上，通过惠农财政补贴"一册明、一折统"的方式，将草畜平衡奖励资金直接发放到户。

（3）实施牧草良种补贴。牧草良种补贴资金以向农牧户直补和统筹项目管理两种方式实施。各市州要将多年生并处在旺长期的优质豆科牧草确认落实到县（市、区）、乡镇、村、户，依据实际种草面积，在核实造册、张榜公示的基础上，按照10元/亩的标准，通过惠农财政补贴"一册明、一折统"的方式，将牧草良种补贴资金直接发放到户。对其余的当年生牧草、品种混杂落后及需要更新的苜蓿面积，采取项目管理方式，按照合理布局、调整结构的要求，有计划、分区域、有重点地更新现有留床牧草，推广优良牧草品种，扩大优良牧草种植面积，建设优良牧草生产基地和防灾保畜基地，增强牧草补充供给能力。

（4）实施牦牛山羊良种补贴。按照国家对牦牛、山羊进行良种补贴的规定，集中统筹使用补贴资金。采取项目管理形式，通过招标采购和养殖户选育调配，引进种公牦牛和种公山羊，进行品种改良。

（5）实施牧民生产资料综合补贴。由国家核定承包草原且以草原畜牧业为主要生产经营方式和收入来源的牧户生产资料补贴资金。根据国家草原生态补奖政策的规定，在做好牧户确认登记、核实造册、张榜公示的基础上，通过惠农财政补贴"一册明、一折统"的方式，按每户500元的标准，将生产资料综合补贴资金直接发放到户。

45. 退耕还牧（草）政策

退耕还牧是牧区和半农半牧区限制开荒、保护牧场的一项重要措施。它的基本要求是，对盲目开荒和不适宜耕种的土地，坚决退耕，以解决牧区草场紧张的问题。这就是说，退耕一定要和还牧结合起来，要重视人工种草，使退耕后的土地作为牧场其产草量不降低，要力争逐年提高，这样才能实现退耕还牧的目的。如果退耕后的土地，不实施人工种草，植被不恢复，产草量下降，少于种农作物时产生的秸秆的数量，那就只能算单纯的退耕，并没有还牧，对扩大和保护牧场来说，没起任何作用。

46. 退耕还牧（草）政策的颁布

退耕还草是西部大开发的一项重大举措。1999年秋季，朱镕基考察陕北水土流失与生态环境治理情况时，指出："防治水土流失，是当前生态环境建设的急迫任务。治理水土流失，要采取退耕还草、封山绿化、以粮代赈、个体承包的措施"。之后，他还在甘肃、四川等地反复阐述了这些观点，并在各地开始组织实施。

2000年9月国务院发布了《国务院关于进一步做好退耕还林还草试点工作的若干意见》（以下简称《意见》）。《意见》中指出：今年以来，按照党中央、国务院的部署，各有关地区认真开展退耕还草的试点工作，进展比较顺利。为了明确责任，严格管理，推动试点工作的健康发展，根据国务院总理办公会议的决定，通过退耕还草工作座谈会讨论，就进一步做好退耕还林还草试点工作作出5条规定，即加强领导，明确责任，实行省级政府负总责；完善退耕还林还草政策，充分调动广大群众的积极性；依靠科技进步，合理确定林草种植结构和植被恢复方式；加强建设管理，确保退耕还林还草顺利开展；严格检查监督，确保退耕还林还草工程质量。

2014年9月25日，国家发展改革委、财政部、国家林业局、农业部、国土资源部，根据国务院批复的新一轮退耕还林还草总体方案，印发了《关于下达2014年退耕还林还草年度任务的通知》（发改西部[2014]2155号），安排山西、湖北、湖南、广西、重庆、四川、贵州、云南、陕西、甘肃及新疆生产建设兵团2014年退耕还林任务500万亩。标志着新一轮退耕还草进入实质性实施阶段。

47. 退耕还牧（草）的原则

退耕还林还草遵循以下四个原则：

（1）坚持农民自愿，政府引导。充分尊重农民意愿，退不退耕，还林还是还草，种什么品种，由农民自己决定。各级政府要加强政策、规划引导，依靠科技进步，提供技术服务，切忌实行"一刀切"、强推强退。

（2）坚持尊重规律，因地制宜。根据不同地理、气候和立地条件，宜乔则乔、宜灌则灌、宜草则草，有条件的可实行林草结合，不再限定还生态林与经济林的比例，重在增加植被盖度。

（3）坚持严格范围，稳步推进。退耕还林还草依据第二次全国土地调查和年度变更调查成果，严格限定在25度以上坡耕地、严重沙化耕地和重要水源地15度~25度坡耕地。兼顾需要和可能，合理安排退耕还林还草的规模和进度。

（4）坚持加强监管，确保质量。建立健全退耕还林还草检查监督机制，对工程实施的全过程实行有效监管。加强建档建制等基础工作，提高规范化管理水平。

48. 退耕还牧（草）的技术要点

该项技术的核心内容包括：退耕地的自然恢复、人工恢复及草田轮作技术体系。三项技术各有特点，适应于不同情况。该项技术应用可使每公顷产草量达到2500~22 500千克，载畜量高达3~20羊单位/公顷。

退耕地的自然恢复技术要点：退耕地在弱干扰或无干扰情况下，可凭借其本身的"自然力"恢复至原始的地带性植被，相当于次生裸地上发生的植被进展演替。这一过程需15～20年时间，一般经历先锋植物（杂草类）定居、根茎植物、根茎—疏丛、密丛—杂类草4个阶段，演替中期每公顷干草产量可达2500～3000千克。自然恢复是一种较为经济的措施，其技术关键是利用现代技术手段，使演替控制在中期阶段，充分发挥该阶段的优质高产性能，亦将是中国西部地区草地植被恢复的有效途径。

退耕地的人工恢复技术要点：退耕地种草，又称为人工饲草基地建立，最关键的是依据当地的土壤、气候条件，进行牧草品种选择。比较适合我国北方地区种植的牧草有披碱草、老芒麦、无芒雀麦、羊草、冰草、碱茅、冬牧70黑麦、紫花宫清、沙打旺、草木樨红豆草、毛苕子、野豌豆等，饲料作物有玉米、苏丹草、燕麦、豌豆等；其次是选择适宜的播种时期和播种方法，我国多采用春播和夏播，可单播或混播，"禾本科+豆科"混播效果较佳，西南地区宜推广"黑麦草+三叶草"混播人工草地，干草产量达22.5吨/公顷，北方地区用"披碱草+首猎"或"老芒麦+沙打旺"易获得成功，干草产量可达9～12吨/公顷；退耕地上种草还要进行地面处理，最好配合施肥和节水灌溉，施肥量以300千克/公顷为宜。

退耕地草田轮作技术要点：选择地势平坦的退耕地进行草田轮作，即在同一块土地上种植2～3年豆科牧草，然后再种植3～4年粮食作物，并在一定区域内形成轮换制度，这样依靠豆科牧草生物固氮肥田，并使土地得以休憩，既为家畜提供了大量优质干草，也可使作物单产提高20%～30%；参与轮作的豆科牧草最好具有短年生、生长迅速的特点，较常用的有豌豆、草木樨、毛苕子和饲用大豆等。该项技术较适合我国广大农牧交错区。

49. 退耕还牧（草）政策的补助标准

根据《新一轮退耕还林还草总体方案》（发改西部〔2014〕1772号），中央财政对退耕还林每亩补助1500元，省财政分三次下达给工程县（市、区），第一年每亩补助800元（含种苗造林费300元），第三年每亩补助300元，第五年每亩补助400元；中央财政对退耕还草每亩补助800元，省财政分两次下达给工程县（市、区），第一年每亩补助500元（含种苗种草费120元），第三年每亩补助300元。市、县级人民政府可适当提高补助标准。

种苗费补助。按退耕还林每亩300元、退耕还草每亩120元的标准，用于造林（种草）和补植的种苗费开支。实行县内包干使用，节余部分必须用于造林（种草）补助和封育管护。具体标准及使用办法由市级或县级人民政府制定。

现金补助。退耕还林每亩补助1200元，分三次兑现给土地承包经营权人，第一年每亩补助500元，第三年每亩补助300元，第五年每亩补助400元。退耕还草每亩补助680元，分两次兑现给土地承包经营权人，第一年每亩补助380元，第三年每亩补助300元。

50. 禁牧区的划分

禁牧区是指全年性禁牧的草场。在草场面积相对较少、超载过牧严重的半农半牧区，易形成全年性的超载过牧，导致草地生态环境极其恶化。这部分草地已不再适宜放牧，必须采取全年性禁牧措施，进行围栏封育，让草地自然恢复，或辅助一些人工措施加速植被恢复。禁牧区不再放牧，可适当割草利用，实行牲畜舍饲。

实行划区轮牧制度，可使不同区域牧草轮流休养生息，合理有效利用，既有利于牧草生长、繁殖和再生，又可有效减少牲畜传染病与寄生虫病的发生和传播。从1999年开始，我国部分省市区以县为单位进行了禁牧、轮牧制度的实验，取得了显著的成效。以内蒙古自治区的鄂尔多斯市为例，在连续三年遭受历史上极为罕见的特大旱灾的情况下，禁牧、轮牧地区草原植被覆盖度由原来的20%~30%提高到60%以上，产草量增长3倍，禁牧、轮牧的成功实践，为全国开展禁牧、轮牧制度提供了经验。各地牧区应积极创造条件，大力推广禁牧、轮牧制度，防止草原超载过牧，切实保护好草原。

51. 草畜平衡及管理办法的颁布

草畜平衡是指在一定区域和时间内通过草原和其他途径提供的饲草饲料量，与饲养牲畜所需的饲草饲料量达到动态平衡。实现草畜平衡是促进草原生态系统良性循环，实现草原畜牧业持续发展的基础。

为保护、建设和合理利用草原，维护和改善生态环境，促进畜牧业可持续发展，根据《中华人民共和国草原法》，制定《草畜平衡管理办法》（以下简称《办法》）。该《办法》经2005年1月7日农业部第2次常务会议审议通过，2005年1月19日中华人民共和国农业部令第48号公布。《办法》共18条，自2005年3月1日起施行。

52. 牧区草原禁牧和草畜平衡后，是否会影响畜产品供应

建立草原生态保护补助奖励机制的根本目的是保护草原生态环境，转变畜牧业发展方式，促进牧民增收，不会对畜产品供应产生影响。因为实施草原禁牧和草畜平衡，不是简单地减少牲畜饲养量，而是要大力推行舍饲半舍饲圈养和划区轮牧，提高牧区畜牧业生产水平，使草原生态保护和畜牧业发展步入良性轨道。我国是世界上第一产肉大国，人均肉类占有量已超过世界平均水平，综合生产能力较强。近年来，由于农区畜牧业的快速发展，牧区畜牧业产值和畜产品产量占全国的比重逐步降低，牧区保障畜产品供给的压力也大为减轻。从长远看，实施草原生态保护奖励机制，改善草原生态环境后，草场生产力将不断提高，草原草场承载能力将日益增强，有利于促进草原畜牧业可持续发展，保障畜产品的有效供给。

53. 草原承包的规定

集体所有的草原或者依法确定给集体经济组织使用的国有草原，可以由本集体经济组织内的家庭或者联户承包经营。本集体经济组织以外单位或者个人承包经营的，必须经本集体经济组织成员的村（牧）民会议三分之二以上成员或者三分之二以上村（牧）民代表的同意，并报乡（镇）人民政府批准。按照《农村土地承包法》的规定，草原的承包期限为30~50年。承包经营草原，发包方

和承包方应当签订书面合同。草原承包合同的内容应当包括双方的权利和义务、承包草原的边界、面积和等级、承包期和起止日期、承包草原用途和违约责任等。在草原承包经营期内，不得对承包经营者使用的草原进行调整；个别确需适当调整的，必须经本集体经济组织成员的村（牧）民会议三分之二以上成员或者三分之二以上村（牧）民代表的同意，并报乡（镇）人民政府和县级人民政府草原行政主管部门批准。

草原承包经营权受法律保护，如需转让草原承包经营权应当注意以下问题：

（1）要按照自愿、有偿的原则依法转让；

（2）受让方必须具有从事畜牧业生产的能力，并应当履行保护、建设和按照承包合同约定的用途合理利用草原的义务；

（3）转让应当经发包方同意；

（4）转让期限不得超过原承包合同剩余的期限。

草原承包经营者主要享有以下权利：

（1）享有按照承包合同规定的内容自主利用草原，并从中获取收益的权利；

（2）享有生产经营自主权、产品处置权、收益权和转让权；

（3）当承包草原被依法征用、占用时，有权获得补偿；

（4）在草原承包期届满后，原承包经营者在同等条件下享有优先承包权；

（5）享有对违反草原法律法规、破坏草原的行为进行监督、检举和控告的权利，以及法律、行政法规规定的其他权利等。

草原承包经营者应当遵守草原法律法规，履行保护、建设和按照承包合同约定的用途合理利用草原的义务。

54. 草原征占用应当符合的条件

根据《草原征占用审核审批管理办法》[①]第九条的相关规定，草原征占用应当符合下列条件：

（1）符合国家的产业政策，国家明令禁止的项目不得征占用草原；

（2）符合所在地县级草原保护建设利用规划，有明确的使用面积或临时占用期限；

（3）对所在地生态环境、畜牧业生产和农牧民生活不会产生重大不利影响；

（4）征占用草原应当征得草原所有者或使用者的同意；征占用已承包经营草原的，还应当与草原承包经营者达成补偿协议；

（5）临时占用草原的，应当具有恢复草原植被的方案；

（6）申请材料齐全、真实；

（7）法律、法规规定的其他条件。

55. 草原转为其他农用地的规定

农用地是指用于农业生产的土地，包括耕地、林地、草地、农田水利用地、养殖水面等。未经批准，任何单位和个人不得将草原改为其他农用地。因项目建设确需将草原转为其他农用地的，应当经省草原行政主管部门审核同意报省人民政府批准，并由项目建设单位支付补偿费、附着物补偿费和当年草原应有收益，以及承包经营者进行草原建设和改良的实际投入；占用基本草原的，项目建设单位还应当支付植被恢复费。

---

① 参见：杜青林，2006。

因项目建设申请草原转为其他农用地需具备以下条件：

（1）该行为必须在拟使用的草原上进行，有明确的使用面积和期限；

（2）实施该行为对周边草原环境无影响或者虽有一定影响，经申请单位采取措施后，可消除影响；

（3）该行为已经征得草原使用权单位或者承包经营者同意；

（4）具有经论证的可行性研究报告及审批部门的批准意见；

（5）法律、法规规定的其他条件。

对非法将草原转为其他农用地或者项目建设未经省人民政府批准，将草原转为其他农用地，以及未按批准的地点、面积、使用方式使用草原的，由县以上草原监理机构责令停止违法行为，退还草原，限期恢复草原植被，处以每平方米 20 元的罚款。

56. 游牧生态-环境知识与草原可持续发展[①]

游牧生态-环境知识是一套关于游牧民与草原、牲畜之间关系的知识、实践和信仰的延续性体系。它以游牧生计为基础，以牲畜和草原为主体，并包含一套对待自然的态度和规范人们行为规则的知识。游牧生态-环境知识是草原游牧知识体系里的核心部分，也是这套本土知识体系的信仰或精神层面，它根植于游牧民对草原上一切生物的认识。基于此，游牧民在长期与草原、牲畜的互动中，形成了适应当地环境的生计系统与文化系统，并在游牧生态-环境知识的指引下维系着游牧民对草原的永续利用。游牧生态-环境知识是游牧民、牲畜与水草三者在互动中建立起来的，并不是直接从环境本身中提取出来的。这种生态-环境

[①] 参见：陈祥军，2012。

知识是在对自然和自然现象最密切的观察基础之上形成和延续的。牲畜与草原是形成游牧生态-环境知识的源泉。从游牧民对牲畜丰富的分类知识中，也间接反映出他们对植物知识的了解程度。因为游牧民依靠家畜生存，家畜则依靠各类牧草（植物）为食，所以他们通过牲畜又了解到与其密切相关的其他很多生物的知识。该知识体系应当包括：牲畜分类知识、气象预测知识，以及维系草原可持续发展的保护草原的游牧生态观和利用草原的有效方式。

57. 基于草原可持续发展的农牧民管理措施

生态移民是指为了保护某个地区特殊的生态或让某个地区的生态得到修复而进行的移民。依据是基于保护生态和着力扶贫，在城镇化发展的基础上，减少牧区人口，减轻草地压力。在实施生态移民的工程区，草地得到一定的保护和恢复，但由于部分牧民难以适应移民后的生活习惯和生产方式，移民增收困难，移民回迁现象存在，移民成本较高。

明晰产权主要指草牧场"双权一制"管理，即草牧场所有权与使用权分离，所有权归国家和集体所有，牧民通过签订承包合同获得草地使用权，承包期限一般为30年。依据是产权理论，通过明晰产权，可以激发个人积极性，推动生产力发展，依靠市场调节草地压力，以制度为根据研究解决草原生态保护和建设问题。存在问题是，社区内、社区间，代内和代际不平衡现象明显；部分牧民因土地面积小，或其他原因造成无法从事牧业生产，被迫失地；草地自然生态系统功能的完整性遭到破坏，牧民生产生活成本增加；承包不稳定，承包期限短，牧民对草地的保护和投入产生顾虑；传统游牧文明的保护和传承受到冲击。

互助与规模经济，指采用合作社、联户经营、参与式管理、牧业协会等多种形式，使长期平均成本下降，获得规模效应。优势在于通过协作种植人工草地满足牲畜草料需求，保护草原，实行划区轮牧和季节性轮牧，鼓励草场在富户和贫困户之间流动，既保证贫困户收入，又避免草场超载。难点是长期的分散经营使牧民没有充分认识到合作社的重要性，而且一般大户有分歧。

58. 农牧民为什么要维护好草原围栏等基础设施

草原围栏是保护草原的重要基础设施。首先，建设草原围栏能够明确农牧民承包草原的界限，对减少草原纠纷至关重要；其次，建设草原围栏，是实行禁牧、休牧和划区轮牧的基础，对恢复草原植被和合理利用草原具有重要作用。近年来，国家为改善农牧民的生产生活条件，投入大量资金帮助农牧民建设草原围栏。农牧民应当维护好围栏设施，不能随意拆除，否则将受到处罚。同时，农牧民发现他人破坏草原围栏，应当立即制止，并及时向当地的草原监理部门报告。

59. 在草原上种植牧草或者饲料作物应当注意的问题

在草原上选择气候、水源条件适宜的地方种植牧草或者饲料作物，是提高饲草料供给能力，缓解天然草原放牧压力的一项重要措施，国家对此是鼓励和支持的。但由于草原生态环境比较脆弱，在草原上种植牧草或饲料作物，如果种植不当，不仅难以达到增加饲草的目的，还会造成草原沙化和水土流失。还有一些地方以种植牧草或饲料作物为名，开垦草原种植粮食或经济作物，对草原造成严重破坏。为此，《草原法》规定，在草原上种植牧草或者饲料作物，应当符合草原保护、建设、利用规划。草原保护、建设、利用规划是在充分调查、了解各地气候、水源、土壤等条件的基础上科学编制的，是指导草原保护、建设、利用的重要基础和主要依据。只有在规划确定的区域内种植牧草或者饲料作物，才能有效防治草原退化和水土流失。

60. 在草原上开展经营性旅游活动应当注意的问题

合理开发草原旅游资源，对发展地方经济、增加农牧民收入、弘扬草原文化都具有重要的作用。但如果无序开展经营性旅游活动，必然会对草原造成严重破坏，损害草原承包经营者的利益。为规范草原旅游活动，开展经营性旅游活动的单位或者个人，应当注意以下几个问题：

（1）在草原上开展经营性旅游活动,应当符合有关草原保护、建设、利用规划，规划不得开展旅游活动的草原，不能开展旅游活动；

（2）在办理有关手续之前，应当首先征得各地县级以上草原行政主管部门的同意；

（3）不得侵犯草原所有者、使用者和承包经营者的合法权益，不得破坏草原植被；

（4）违反规定擅自在草原上开展经营性旅游活动，破坏草原植被的，将受到处罚。

61. 为什么要禁止机动车辆离开道路在草原上行驶

机动车辆离开道路在草原上行驶，会对草原植被造成严重破坏，特别是重型车辆在草原上行驶，将造成草原土壤板结，植被难以恢复。因此，《草原法》明确规定，禁止机动车辆离开道路在草原上行驶。但抢险救灾（如草原扑火）和牧民搬迁的机动车辆除外。同时，也考虑到地质勘探、科学考察等活动的特殊性，《草原法》规定，因从事地质勘探、科学考察等活动确需离开道路在草原上行驶的，应当向县级草原行政主管部门提交行驶区域和行驶路线方案，经确认后执行。做出这样的规定就是为了尽可能避免或者减少机动车辆对草原造成的破坏。

62. 草原防火期管理规定

草原防火期内，以下七种行为将受到处罚：

（1）擅自进入草原防火管制区的；

（2）在草原上使用枪械狩猎、吸烟、随意用火的；

（3）违反规定使用机动车辆和机械设备，成为火灾隐患的；

（4）有草原火灾隐患，经草原防火主管部门通知仍不清除的；

（5）拒绝或者妨碍草原防火主管部门实施防火检查的；

（6）损毁防火设施设备的；

（7）过失引起草原火灾，尚未造成重大损失的。

有上述行为的责任人，将受到警告或者罚款的处罚；造成损失的，应当负赔偿责任；构成犯罪的，依法追究刑事责任。

63. 草原防火期内特殊情况需要用火规定

草原防火期内，在草原上禁止野外用火。因特殊情况需要用火的，必须遵守下列规定：

（1）因烧荒、烧茬、烧灰积肥、烧秸秆、烧防火隔离带等，需要生产性用火的，须经县级人民政府或者其授权单位批准。生产性用火经批准的，用火单位应当确定专人负责，事先开好防火隔离带，准备扑火工具，落实防火措施，严防失火。

（2）在草原上从事牧业或者副业生产的人员，需要生活性用火的，应当在指定的安全地点用火，并采取必要的防火措施，用火后必须彻底熄灭余火。

（3）进入草原防火管制区的人员，必须服从当地县级以上地方人民政府草原防火主管部门或者其授权单位的防火管制。

64. 退化草地的治理技术[①]

退化天然草地的形成原因是多方面的，治理技术也应遵循因地制宜的原则，针对不同情况采取不同的治理技术组合。

---

① 参见：孙洪烈，2011。

（1）围栏封育。围栏封育对于因超载过牧导致的退化草地是普遍有效、简单易行的治理措施，也是上游草地生态建设采用最广泛的措施之一。围栏封育主要是为了保护草地植物安全度过营养生长期，使其免遭牲畜采食导致的营养生长反复、连续的破坏。超载过牧的草地植物群落结构中家畜喜食牧草种的衰退，可以通过封育措施予以恢复，同时由于禾本科等喜食牧草的休养生息与繁衍，形成了对毒杂草植物的生长竞争，从而可以抑制毒杂草的种群扩张，改善牧草群落结构组分，提高牲畜采食率，进而提高初级生产力。目前广泛使用的是网丝水泥预制隔离式围栏。

（2）毒杂草控制。毒杂草控制是通过化学药剂快速改变草地植物群落结构的人工干扰植物群落演替的有效措施。草地上使用最广泛的是以 2-4-D- 丁酯为主的选择性除草剂，主要用于防除狼毒、棘豆等毒杂草。

（3）补播改良。通过在退化天然草地上补充播种一些优良禾本科植物，人为增加草地植物群落中家畜喜食的牧草组分，同时增加草地植物群落的密度、盖度、植株高度和生物量。

（4）施肥与灌溉。通过人为补充水分和养分，以满足草地植物生长过程对环境条件的需要。

（5）轮牧制度。划区轮牧是控制合理的载畜量、保护草地植物在家畜啃食的条件下能够维持生长发育完成其生活史的重要条件。一般来说，暖季草场比较宽松，冷季草场十分紧缺。科学划分轮牧草场与时间，对于草地保护十分重要。

65. 低碳经济与草原可持续发展[①]

低碳经济是以低能耗、低污染、低排放为基础的经济模式，是人类社会继农业革命、工业革命、信息革命后发展模式的巨大变革。2009年丹麦哥本哈根全球气候变化峰会后，低碳经济成为世界各国努力发展的方向和模式。我国草原拥有面积辽阔、类型多样、资源丰富、未开发领域多、潜力巨大的优势，但在低碳经济发展中的潜力和作用远未被人们所认知。加强高能效、低碳排放技术的研发和推广应用，建立高效低扰动的退化草场恢复技术体系、优质高产低耗的人工草地建设技术体系和高效低耗的反刍动物饲养技术体系，以及节约能效、节约水资源的低碳技术体系和产业体系，是草原生态畜牧业重要的发展方向。

草原在碳排放与碳固定保持平衡的过程中，能够充分发挥自然生态系统的作用。一方面，我国广袤的草原在碳储量方面具有巨大的优势，除了提供牲畜饲草料之外，还具有调节气候、保持水土、涵养水源、防沙固沙、净化空气、维护生物多样性等生态价值和碳汇价值。另一方面，我国草原拥有丰富的风能、太阳能和生物能等新能源，属于价廉高效的低碳经济资源。因此，为了实现中国草原可持续发展的战略目的，要充分发挥草原在低碳经济中的重要战略优势。

66. 草原风能资源的利用和发展

风能是因空气流做功而提供给人类的一种可利用的能量，属于可再生能源

[①] 参见：李扬和孙洪仁，2012。

（包括水能、生物能等）。空气流具有的动能称风能。空气流速越高，动能越大。风能的特点是丰富、近乎无尽、干净、广泛分布和可以缓和温室效应。

人们可以用风车把风的动能转化为旋转的动作去推动发电机，以产生电力，方法是透过传动轴，将转子（由以空气动力推动的扇叶组成）的旋转动力传送至发电机。截至2008年，全世界以风力产生的电力约有94.1百万千瓦，供应的电力已超过全世界用量的1%。风能虽然对大多数国家而言还不是主要的能源，但在1999~2005年已经增长了四倍以上。现代利用涡轮叶片将气流的机械能转为电能而成为发电机（图3-2）。风能作为一种无污染和可再生的新能源有着巨大的发展潜力，特别是对沿海岛屿，交通不便的边远山区，远离电网和目前电网还难以达到的农村、边疆，以及地广人稀的草原牧场，可以为草原当地的生活和发展做出巨大的贡献。

图3-2　风能利用示意图（文后附彩图）

67. 草原上太阳能的推广

太阳能，是指太阳的热辐射能（一切温度高于绝对零度的物体都能产生热辐射，温度愈高，辐射出的总能量就愈大），主要表现就是常说的太阳光线。在现代一般用作发电或者为热水器提供能源。自地球上生命诞生以来，就主要以太阳提供的热辐射能生存，而自古人类也懂得以阳光晒干物件，并作为制作食物的方法，如制盐和晒咸鱼等。在化石燃料日趋减少的情况下，太阳能已成为人类使用能源的重要组成部分，并不断得到发展。太阳能的利用有光热转换和光电转换两种方式，太阳能发电是一种新兴的可再生能源（图3-3）。

图3-3　太阳能利用示意图

目前，在草原上使用太阳能的用户还是比较多的，因为在草原上多数牧民都有自己的领地，两家之间相隔也比较远，实现全面供电非常浪费资源，那么太阳能就派上了用场。草原开阔平坦，利用足够多的太阳能就可以满足一家人的需要，这样不仅不需要花钱，而且长期都不会有断电的情况发生，太阳能在草原能够得到充分的利用。

68. 游牧生产、生活方式对草原可持续发展的影响

2014年春节前，习近平在视察内蒙古时明确要求："内蒙古要把保护基本草原和保护耕地放在同等重要的位置"，要"加快传统畜牧业向现代畜牧业转变

步伐，探索一些好办法，帮助农牧民更多分享产业利润效益，掌握一条符合自然规律，符合国情的绿化之路"。习近平这句话对内蒙古乃至我国其他草原牧区建立可持续发展机制具有决定性战略意义。

有必要从根本上重新审视游牧生产生活方式对于实现草原可持续发展的合理性和重要性。"现代化草原畜牧业"政策推行的定牧定居，使牲畜丧失了强壮体魄、免疫力和卫生环境，对牧民实施奖补，不仅没有改善他们的生活，还加剧了牧区草原开发，令其急剧退化、盐碱化和沙化。而游牧文明为相邻其他文明的形成发展提供了生态安全和文化"活力"。在这些干旱高原地区，过去、现在和未来，游牧文明都不能缺少。历史形成的各种文明对人类社会的生存与发展都具有不可替代的重要作用。不论到何时，中国至少需要游牧文明提供生态安全。人类社会需要游牧文明提供可持续发展文化价值观、智慧、技能及有机畜产品等稀缺"资源"。

69. 发展生态经济产业是实现草原可持续发展的重要途径之一

草原是兼具生态和生产等功能的多功能资源，但同时也是有限资源，解决退化草原问题必须从生态和生产相结合的角度着手，才具有可持续性和长久有效性。单纯强调或偏颇某一方面，都不能达到持续改善草原状况的目的。发展草原生态经济，是解决草原退化困境的有效途径之一。

由于居民的收入水平、教育程度等因素的不同，对于具有高端产品特性的生态畜牧产品的需求关系，与一般畜产品存在较大差异，或者说存在较大的偏好差异。目前生态畜牧产品供给远远小于需求，而且多数供给的生态畜牧产品还是替代产品，远非真正的生态产品，因此以草原的生态优势为基础的生态畜牧产品将长期供给小于需求，这也正是草原生态畜牧业发展的空间和契机。发展生态经济产业，提升生态产品的质量和服务水平，控制适宜载畜量，控制畜牧业生产的废弃物减量化、无害化、资源化，以补偿补贴的形式使产品价格和生产成本与环境质量及产品质量紧密结合，是实现生态与生产双赢的有效途径。

70. 草原生态畜牧业发展模式借鉴

家庭生态牧场，是以草牧场"双权一制"落实到户为前提，以一家一户为经营单位，以草牧场生态建设、草场改良植被恢复、草畜平衡为基点，以舍饲、半舍饲养畜形式，实施科学养畜和建设养畜，以提高经济效益和生态效益为目的的家庭生产经营模式。随着六大牧区草原产权明晰政策的推行，草场公有共享、牲畜吃草的牧场"大锅饭"问题逐步得以解决，强化了家庭牧场以一家一户经营管理的形式，促进了农牧民保护建设草原的投资积极性的提高，促使草牧场不足的养畜大户以有偿方式流转无畜户或少畜户的闲置草牧场。家庭生态牧场模式将是长时期内草原生态畜牧业经营的主体模式。

以青海省为例，该地区以推进绿色生态品牌为发展模式，借助拥有世界公认的"超净区"称号的"绿色牌"和"生态牌"的优势，开展六州牧区生态畜牧业建设试点工作，重点以保护草原生态环境为前提，以科学合理利用草地资源为基础，以推进草畜平衡为核心，以转变生产经营方式为关键，以建立牧民合作经济组织、优化配置生产要素为重点，以实现人与自然和谐、加快畜牧业可持续发展为目标，发展草地畜牧业新模式。具体的经营模式包括：以合作社为平台，实行牲畜、草场股份制经营的发展模式；以草场流转、大户规模经营、分流牧业人口、促进资源合理配置为特点的发展模式；以联户经营、分群协作、优化产业结构、保护草原生态为特点的发展模式。主要特点是促进草牧场资源的规模化和合理配置，加强牧区基础设施建设，促进畜种改良和草畜平衡，提高畜牧业生产力，提高农牧民收入。

草原牧区畜牧业经过上千年的发展，不仅具有天然的、无污染的绿色生态优势，也培育出肉、毛、绒等许多生态畜产品品牌。例如，苏尼特羊、乌珠穆沁羊、藏羊、草原红牛、藏牦牛等名优品种肉产品，白牦牛、新疆细毛羊、阿尔巴斯绒山羊等名优品种的特色毛、绒产品等，均是驰名中外的品牌。这些为草原生态畜牧业的发展提供了丰富的生产资源和广阔的市场资源。将优良地方品种保护与生态养殖结合，开展特色畜产品的无公害、有机、绿色认证，建立特色畜产品原产地保护制度，开展特色畜产品的生产基地建设，保证质量和特色，提高附加值，以标准化推动优质化、规模化、产业化、市场化。

两个或两个以上性质相近的生态系统具有互相亲和的趋势。当条件成熟时，可以结合为一个新的、高一级的结构-功能体，实现系统耦合效应。系统耦合可通过位差潜势、稳定潜势和管理潜势等潜势释放而提高生产能力和水平（万里强等，2004）。在综合考虑区域草地生态条件、类型、生产结构相似性和互补性、可操作性的基础上，根据系统耦合效应原理，示范探讨不同景观系统的复合生产模式、异地育肥模式、草业生态经济区模式等，为草原生态畜牧业发展提供模式和依据。

贵州省围绕打造"生态畜牧业大省"的战略目标，把发展草地生态畜牧业作为石漠化治理的有效途径之一。探索出的产业化科技扶贫草地畜牧业发展模式是，为贫困户免费发放20只基础母羊、600元圈舍补助、160元草地补助，由扶贫部门和畜牧部门组建的草地畜牧中心免费提供技术服务、技术指导和防疫，统一销售。3~5年后，贫困户再将20只基础母羊转给另外的贫困户，实现滚动发展。至2009年已有33个县推广实施草地生态畜牧业发展模式，覆盖贫困农户3万户。

四
黑河流域草原的可持续发展

71. 黑河流域的概况

黑河是我国西北地区第二大内陆河，中国河西走廊三大内陆河流之一。黑河发源于祁连山北麓中段，流域南以祁连山为界，东与石羊河流域相邻，西与疏勒河流域相接，北至内蒙古自治区额济纳旗境内的居延海，与蒙古人民共和国接壤，流域范围在东经98°~102°，北纬37°50′~42°40′，涉及青海、甘肃、内蒙古三省（自治区），辖区面积为14.29万平方公里，其中甘肃省6.18万平方公里，青海省1.04万平方公里，内蒙古自治区约7.07万平方公里（图4-1）。

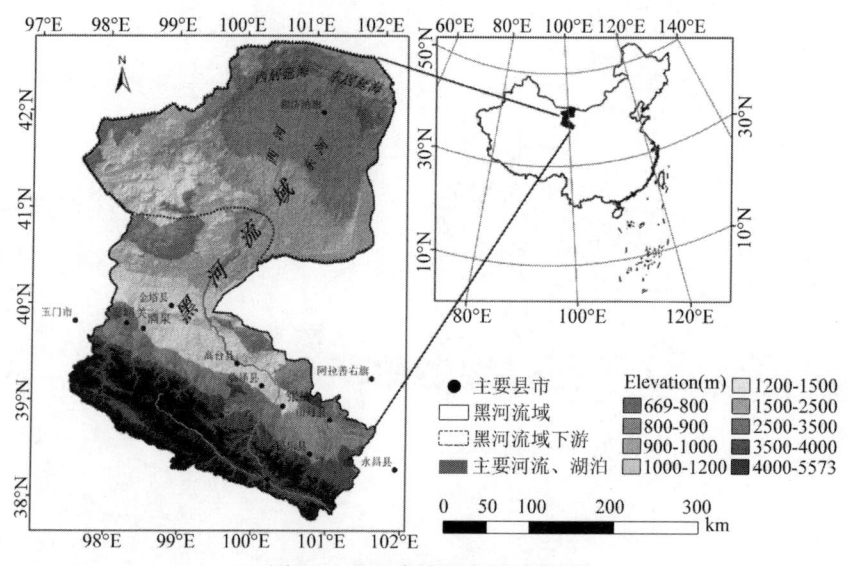

图4-1 黑河流域在全国的位置

资料来源：冯婧，2014

黑河干流全长821公里，流域有35条小支流。出山口莺落峡以上为上游，河道长303公里，面积为1.0万平方公里，河道两岸山高谷深，河床陡峻，气候阴湿寒冷，植被较好，多年平均气温不足2℃，年降水量为350毫米，是黑河流域的产流区。莺落峡至正义峡为中游，河道长185公里，面积为2.56万平方公里。两岸地势平坦，光热资源充足，但干旱严重，年降水量仅有140毫米，多年平均温度在6~8℃，年日照时数长达3000~4000小时，年蒸发能力达1410毫米，人工绿洲面积较大，部分地区土地盐碱化严重。正义峡以下为下游，黑河湖西新村以下分为两支：东河（纳林河）注入索果诺尔，西河（木林河）注入嘎顺诺尔。河道长333公里，面积为8.04万平方公里，除河流沿岸和居延三角洲外，大部分为沙漠戈壁，年降水量只有47毫米，多年平均气温在8~10℃，极端最低气温在-30℃以下，极端最高气温超过40℃，年日照时数为3446小时，年蒸发能力高达2250毫米，气候非常干燥，干旱指数达47.5，属极端干旱区，风沙危害十分严重，为我国北方沙尘暴的主要来源区之一。黑河河谷是阿拉善高地唯一有人定居的地区，原是中亚丝绸之路的故地。

72. 黑河名称的由来

相传黑河这个名字是西汉骠骑将军霍去病取的。霍去病抗击匈奴时有一回驻扎在柳树城，却被匈奴兵将城堡团团围住，企图困死霍军。面临如此险境，霍去病苦思破敌良策。一次在梦中梦到一位皮肤黝黑的彪形大汉向其传授："草守城，马加铃，羊撞鼓，鼠打洞，人东走，龙西行。"霍将军按照这一方法将士兵都隐藏起来，让城内马嘶鼓响，铃声叮咚，城头立着些披甲的草人。城东墙角下挖一个出城洞口，连着一条地道，吸引匈奴进攻。在匈奴从洞口追赶霍军时用水淹没匈奴兵,从而反败为胜。由于此次败敌之策全仗一位黑汉在梦中授予的破阵法,因此,霍将军将这条河命名为黑河。

73. 黑河流域社会经济状况[①]

黑河流域南以祁连山为界,北至内蒙古自治区额济纳旗境内的居延海,分别流经青海省的祁连县,甘肃省的肃南、山丹、民乐、张掖、临泽、高台、金塔、酒泉等县(市)和内蒙古自治区的额济纳旗,共10个县(市)(图4-2)。流域内2004年人口为199.56万人,其中农业人口为135.49万人,耕地为389.71万亩,粮食总产量为104.21万吨,人均粮食为522.19千克,牲畜总量为145.47万头,国内生产总值为63.12亿元,人均为9755.86元,低于同期全国人均国内生产总值10 561元的水平。

主体经济区分布在中游,上、下游地区经济总量在全流域所占比重较小。上游的祁连山区主要是山地草原牧业,少数种植业仅分布在河谷和山前地带,国内生产总值为7.09亿元;中游的河西走廊绿洲区主要是灌溉农业,是西北地区重要的商品粮和蔬菜生产基地之一。

---

① 参见:郝兴旺等,2015。

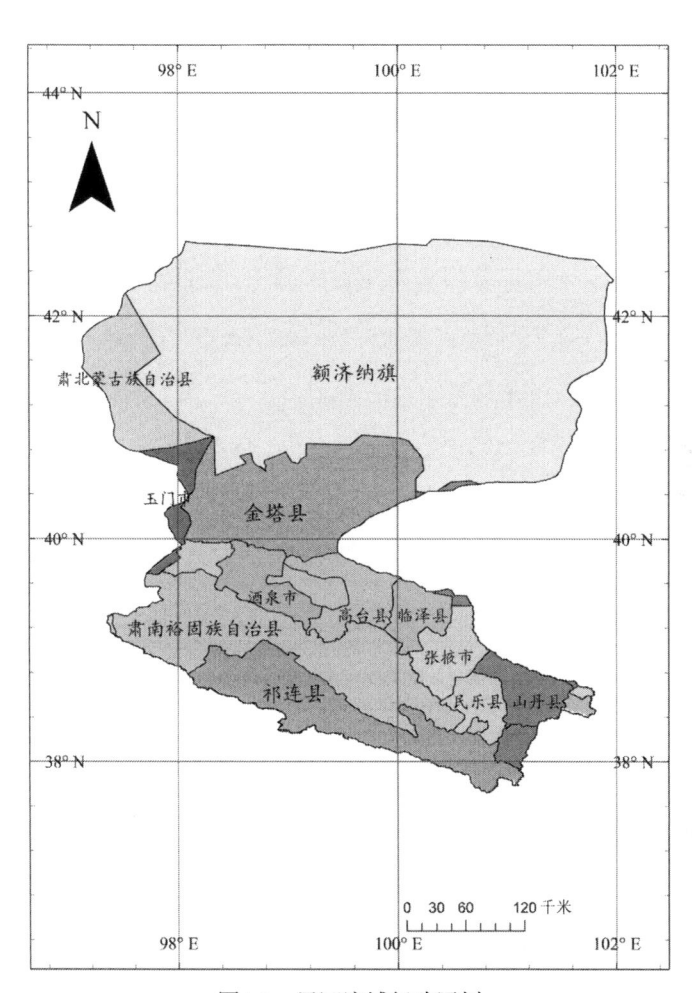

图4-2 黑河流域行政区划

74. 黑河流域的气候状况[①]

受全球气候变暖大趋势的影响，近40多年来黑河流域所在地区的气温逐渐

---

① 参见：郝兴旺等，2015。

升高，其升温率远远大于北半球的平均升温率。但在时间和地域尺度上，升温率又有明显差别。从时间层面来看，20 世纪 60~90 年代，黑河流域气温上升平均幅度逐渐增大。研究发现，80~90 年代温度上升了 0.4~0.6℃，与 60 年代相比上升了 0.7~1.2℃。黑河流域气温的增高主要表现在冬季，90 年代冬季平均气温比 70 年代上升 0.7~1.1℃，与 60 年代相比上升 1.2~2.3℃，上升幅度比年平均气温升高幅度更加显著。在地域尺度上主要表现为从下游到上游，随着海拔的逐渐升高，气温越来越低，升温率越来越小。60~90 年代下游的额济纳旗绿洲气温升高了 1.83℃，中游的张掖和高台分别升高了 0.90℃和 0.73℃，而在上游的祁连山地气温仅升高了 0.21℃。

黑河流域气候具有明显的东西差异和南北差异。南部祁连山区，降水量由东向西递减，雪线高度由东向西逐渐升高。中部走廊平原区降水量由东部的 250 毫米向西部递减为 50 毫米以下，蒸发量则由东向西递增，自 2000 毫米以下增至 4000 毫米以上。南部祁连山区海拔 2600~3200 米地区年平均气温为 1.5~2.0℃，年降水量在 200 毫米以上，最高达 700 毫米，相对湿度约 60%，蒸发量约 700 毫米；海拔在 1600~2300 米的地区，气候冷凉，是农业向牧业过渡地带。中部走廊平原，光热资源丰富，年平均气温为 2.8~7.6℃，日照时间长达 3000~4000 小时，是发展农业理想的地区。南部山区海拔每升高 100 米，降水量增加 15.5~16.4 毫米；平原区海拔每增加 100 米，降水量增加 3.5~4.8 毫米，蒸发量减小 25~32 毫米。下游额济纳平原深居内陆腹地，是典型的大陆性气候，具有降水少、蒸发强烈、温差大、风大沙多、日照时间长等特点。据额济纳旗气象站 1957~1995 年的资料统计，年平均降水量仅为 42 毫米，年平均蒸发强度为 3755 毫米，年平均气温为 8.04℃，最高气温为 41.8℃，最低气温为 -35.3℃，年日照时数为 3325.6~3432.4 小时，相对湿度为 32%~35%，年平均风速为 4.2 米/秒，最大风速为 15.0 米/秒，8 级以上大风日数平均为 54 天，沙暴日数平均为 29 天。

75. 黑河流域水文状况

黑河流域可划分为东、中、西三个子水系。其中，西部水系为洪水河、讨赖河水系，归宿于金塔盆地；中部为马营河、丰乐河诸小河水系，归宿于明花、高台盐池；东部子水系包括黑河干流、梨园河及东起山丹瓷窑口、西至高台黑大板河的20多条小河流，总面积为6811平方公里。流域中集水面积大于100平方公里的河流约18条，地表径流量大于1000万立方米的河流有24条。在山区形成的地表径流总量为37.55亿立方米，其中东部子水系出山径流量为24.75亿立方米，包括干流莺落峡出山径流量15.8亿立方米，梨园河出山径流量2.37亿立方米，其他沿山支流量6.58亿立方米。

流域地表水时空分布规律主要取决于祁连山大气降水和冰雪融水的时空分布，以及祁连山区水文气象垂直分带性、下垫面条件等。年内变化受气温、森林植被的影响，呈明显的周期规律，冬春枯水季节（10月至次年3月），黑河径流量占年径流总量的19.73%，降水以固态形式蓄存，占年降水量的5%~10%。春末夏初，随气温升高，地表径流量上升，占全年总流量的24.55%，雨季（7~9月）降水量增加，冰川融水量大，地表径流达55.71%。

76. 黑河流域的地质与地貌特征

黑河流域在大地构造上大体可分为三种基本单元：祁连山地槽褶皱带、阿拉善台隆和北山断块带及河西走廊拗陷盆地。本区域新生代以来的区域沉积、建造及地下水的赋存与运动是由晚近地质构造运动所控制，中生代以来，明显进入以强烈的差异性断块运动为主的构造运动期。

上中游与下游具有不同的地貌成因和形态，中上游地貌根据成因和形态特征可分为三种基本类型，包括强烈褶皱断块隆升的高山、断块隆升的中高山、褶皱断块低山等组成的山地，由震荡上升并被水流割切的梯状高平原、构造—剥蚀作用形成的低山丘陵等构成的准平原，以及由冲洪积、洪积砾石戈壁平原、冲洪积细土平原及风积平原等组成的走廊平原区。中生代地质构造奠定了下游地区地貌的基本格架，近年来干旱气候的风化剥蚀作用塑造了现代地貌形态，从成因角度可划分为三种类型，分别是由低山丘陵、准平原组成的构造剥蚀地貌，由冲洪积平原、冲湖积平原、湖积平原、洪积倾斜平原等组成的堆积地貌，以及由固定半固定、垄状、波状及复合式沙丘和其他风蚀地貌组成的风成地貌，其中堆积地貌和风成地貌是主要地貌类型。

77. 黑河流域的土壤状况

流域受山地气候、地形和植被影响，土壤具有明显的垂直带谱，主要土类有寒漠土、高山草甸土（寒冻毡土）、高山灌丛草甸土（泥炭土型寒冻毡土）、高山草原土（寒冻钙土）、亚高山草甸土（寒毡土）、亚高山草原土（寒钙土）、灰褐土、山地黑钙土、山地栗钙土、山地灰钙土等。流域中、下游地区属灰棕荒漠土与灰漠土分布区。除这些地带性土类外，还有灌淤土（绿洲灌溉耕作土）、盐土、潮土（草甸土）、潜育土（沼泽土）和风沙土等非地带性土壤。在下游额济纳旗境内，以灰棕漠土为主要地带性土壤，受水盐运移条件和气候及植被影响，也分布硫酸盐盐化潮土、林灌草甸土及盐化林灌草甸土、碱土、草甸盐土、风沙土及龟裂土等非地带土壤。

78. 黑河流域的植被状况

　　上游祁连山山区植被属温带山地森林草原，生长着呈片状、块状分布的灌丛和乔木林，垂直带谱极其明显，东西山区稍有差异，由高到低，依次分布：高山垫状植被带，分布在海拔 3900~4200 米，是高山带流石滩植被组成的寒漠；高山草甸植被带，分布在海拔 3600~3900 米，主要是矮草型的嵩草高寒草甸和杂类草高寒草甸等；高山灌丛草甸带，阳坡分布在海拔 3400~3900 米，阴坡分布在海拔 3300~3800 米，由常绿革叶杜鹃灌丛、落叶阔叶高山柳灌丛和金露梅矮灌丛等植被类型所组成；山地森林草原带，阳坡分布在海拔 2500~3400 米，阴坡分布在海拔 2400~3400 米，是祁连山区森林主要分布带，主要树种为青海云杉、祁连圆柏。此植被带对形成径流、调蓄河流水量、涵养水源有着非常重要的作用；山地草原带，阳坡分布在海拔 2300~2600 米，阴坡分布在海拔 2200~2500 米，为山地典型草原、植被稀疏；荒漠草原带，此带海拔在 1900~2300 米，在中部低山带，具有超旱生小灌木、小半灌木组成的草原化荒漠类型复合分布。

　　中下游地带性植被为温带小灌木、半灌木荒漠植被。中游山前冲积扇下部和河流冲积平原上分布有灌溉绿洲栽培农作物和林木，呈现以人工植被为主的绿洲景观，是我国著名的产粮基地。下游两岸三角洲与冲积扇缘的湖盆洼地里，生长着荒漠地区特有的荒漠河岸林、灌木林和草甸植被，主要树种有胡杨、沙枣、红柳和梭梭。荒漠植被的植物种类和中游差别不大，呈现出荒漠天然绿洲的景观（图 4-3）。

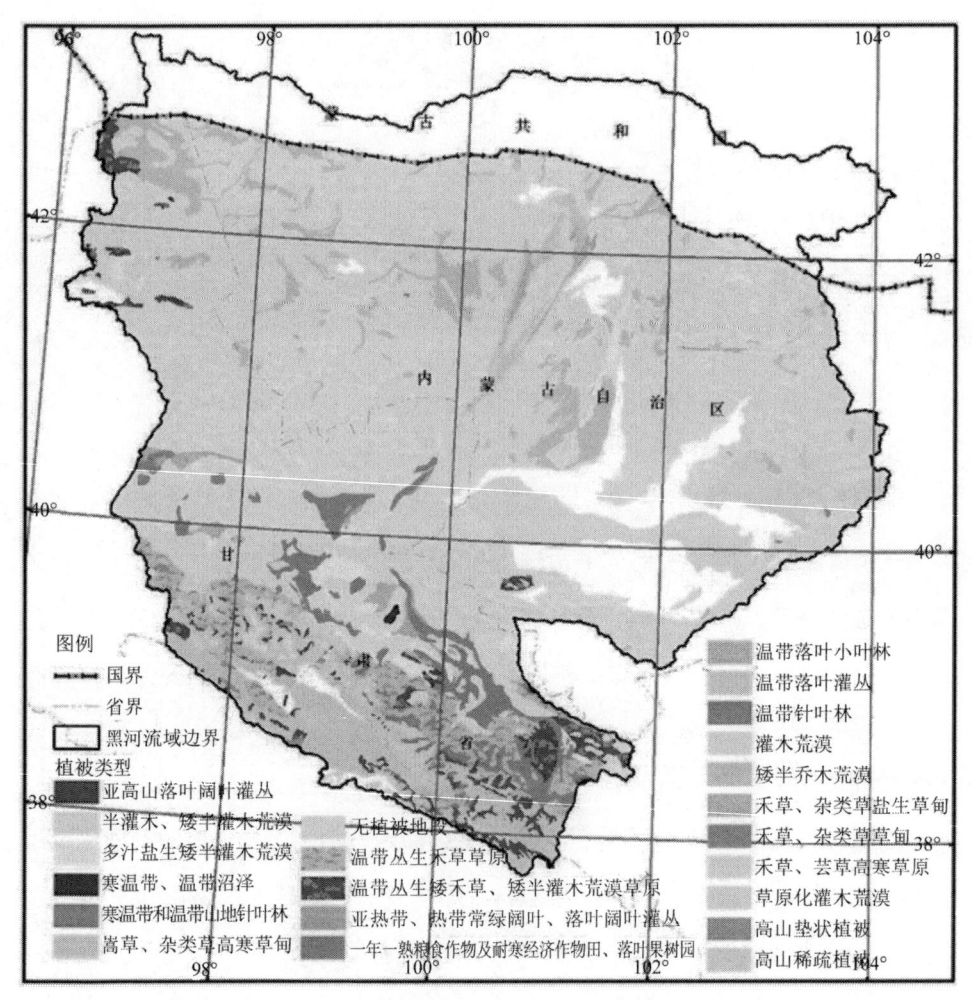

图4-3　黑河流域植被类型（文后附彩图）

资料来源：侯学煜，2001

79. 黑河流域民俗文化

（1）皮影。皮影（图4-4）是我国独特的民间艺术品，早在西汉至北宋时已有流传。据传，皮影戏最早产生于汉代。汉武帝的宠妃李夫人去世，汉武帝想她想出了病。宫中有个叫少翁的人，用素纸剪成李夫人人形，于灯前投影帐幕，汉武帝似见到李夫人一样，病渐见好。这便是皮影戏的雏形。后来逐步发展成为彩绘、镂雕，又改纸制为皮制，再配上音乐、唱腔，慢慢地成了后来的皮影戏。由于受材质限制，保存甚难，所以传至今世的古影不多。张掖的上寨小满一带制作的皮影是用牛皮或驴皮作原料，刻成各种生动传神的戏剧人物，博得人们的喜爱。张掖当时的皮影具有造型简洁、纹样夸张的特点。它除戏剧表演外，还是一种有趣味的装饰品和艺术欣赏品。逢年过节，喜庆日子，都要请皮影戏班子唱戏。20世纪三四十年代，张掖皮影戏有70多个正本戏，100多个折子戏，不少是个人创作独家所有，内容上也逐步有所改进。

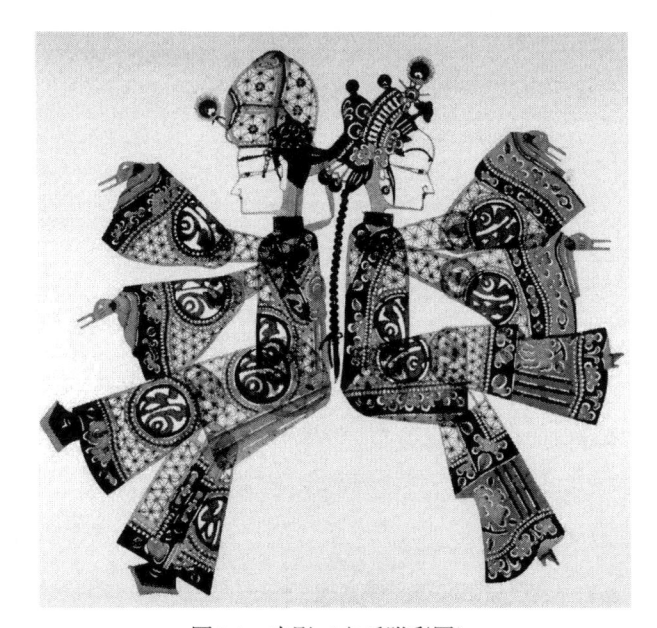

图4-4　皮影（文后附彩图）

（2）高跷。高跷是汉族民间舞蹈形式之一，流行于中国很多地区，表演者扮成各种人物，手持道具，双脚踩着木高跷（高者1米多，低者三四十厘米）按照一定的规矩，一定的套路，或行或走，或演或唱，给人一种动的艺术享受。

高跷历史悠久，远在2000多年前的战国时代列御寇写的《列子·说符》中就有记载。随着时间的推移，不但它的表演艺术后来有了很大提高，而且艺术结构也日臻完善，成为庙会佳节中群众喜闻乐见的一种活动。高跷不拘形式，花样繁多，多在秧歌、旱船、竹马儿表演后出现，还配有一些丑角，扮相丑陋怪诞，表演滑稽幽默，以嬉笑逗乐，插科打诨表现角色性格，制造节日欢乐气氛。高跷从清朝同治年（公元1862~1874年）就出现在张掖农村各村、寨、堡的秧歌表演中，高跷中的丑角，虽是秧歌集体舞队的附属部分，但却表现着有趣的民间传说，折射了一定历史时期的社会现实和民众的思想情趣。例如，常见的丑角蛮婆蛮汉和张公背张婆、大头和尚稀妮翠，就表现了人民群众对造福大众、驱疫逐邪者的赞美及对通情达理、与人为善者的讴歌。这些丑角的表演大多不受秧歌节奏制约，自由穿插于秧歌队列的前后即兴作戏。

80. 黑河流域旅游资源分布

黑河流域有丰富的生态旅游资源，根据生态文明建设的需求，应该加强道路、景点、设施建设，打造精品景区景点和线路，可以通过旅游业带动服务业，促进生态建设和环境保护。其中，主要的生态旅游资源如下：

（1）环祁连山腹地旅游；

（2）黑河沿岸自然风光（甘州、临泽、高台三县区）和黑河湿地国家级自然保护区生态旅游；

（3）自然观光（山丹军马场、扁豆口、海潮坝、丹霞、森林、草原、雪山、湿地、湖泊、戈壁、沙漠等）；

（4）文化旅游（宗教、长城、古城遗址）；

（5）军旅旅游（霍去病抗击匈奴、年羹尧平叛、王震大军进疆、西路军血战河西）；

（6）现代农业园区旅游：①甘州，卧佛福地、黑河庄园、湿地景观、金色农业；②临泽，中国枣乡、七彩丹霞、戈壁水乡、红色胜地；③高台，红色基地、古堡遗址、湖泊苇荡、黑河仙境；④山丹，世博之源、长城之魂、中国马都、胭脂风情；⑤民乐，祁连佳境、金色田园、休闲山庄、避暑胜地；⑥肃南，裕固花乡、丹霞奇观、祁连胜景、夏日凉都。

81. 黑河流域草原的面积及分布状况

黑河流域草原总面积约 950 万公顷，分为以下四大区：

（1）祁连山草地区，包括肃南、山丹、民乐县大部分，高台县、张掖市沿山区。草原类型有：山地荒漠草场、山地草原草场、山地草甸草场、山地草原草甸草场、高寒草甸草场。总面积为 160 万公顷。

（2）走廊中部草原区，包括山丹县清泉，民乐县六坝及张掖、临泽、高台的大部分乡。主要草场类型有：沼泽草场、低湿草甸草场、草原化荒漠草场。总面积为 26.7 万公顷。

（3）走廊以北荒漠草场，包括北山山地及山前戈壁沙漠，高台、临泽的部分乡。总面积为 66.7 万公顷。

（4）额济纳三角洲荒漠草场，包括东河、西河和两河间，以及苏古淖尔苏木、吉日格朗图苏木、赛汉桃来苏木、巴音宝格德苏木。草场面积为 697 万公顷。

82. 温室效应对黑河流域草原的影响

温室效应是指透射阳光的密闭空间由于与外界缺乏热交换而形成的保温效应，就是太阳短波辐射可以透过大气射入地面，而地面增暖后放出的长波辐射却被大气中的二氧化碳等物质所吸收，从而产生大气变暖的效应（图4-5）。大气中的二氧化碳就像一层厚厚的玻璃，使地球变成了一个大暖房。如果没有大气，地表平均温度就会下降到-23℃，而实际地表平均温度为15℃，这就是说温室效应使地表温度提高38℃。大气中的二氧化碳浓度增加，阻止地球热量的散失，使地球发生可感觉到的气温升高，这就是有名的"温室效应"。

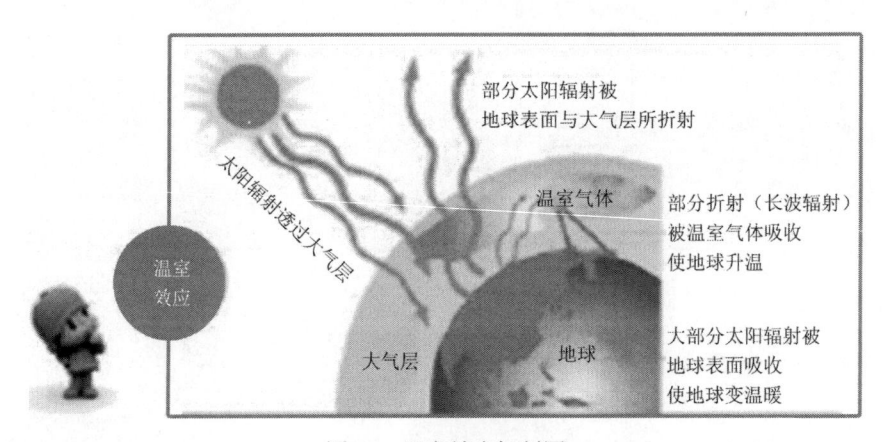

图4-5 温室效应机制图

破坏大气层与地面间红外线辐射的正常关系，吸收地球释放出来的红外线辐射，就像"温室"一样，促使地球气温升高的气体称为"温室气体"。二氧化碳是数量最多的温室气体，约占大气总容量的0.03%，许多其他痕量气体也会产生温室效应，其中有的温室效应比二氧化碳还强。温室效应主要是由于现代化工业社会过多地燃烧煤炭、石油和天然气，以及大量排放的汽车尾气中含有的二氧化碳气体进入大气造成的。人类活动和大自然还排放其他温室气体，它们是：

氯氟烃（CFC）、甲烷、低空臭氧和氮氧化物气体。

温室效应导致全球变暖、地球上的病虫害增加、海平面上升、气候反常、土地荒漠化、缺氧等多种环境变化，会改变全球的生态平衡，最终可能导致大规模的迁移和冲突，这显然对人类生存是十分不利的。

83. 过度放牧对黑河流域草原的危害

过度放牧（图4-6）往往因牲畜密度过大，引起土壤板结而产草量减少，还可能导致草原植被结构破坏，即牲畜可利用牧草种群急剧衰败，而牲畜不可利用的其他植物种群却迅速旺盛起来，最终阻碍牧业的发展。影响具体表现为以下几个方面：

（1）对群落类型的影响。植物组成发生变化，群落类型也发生改变。在过度放牧情况下，疏林草原或具有灌丛的多年生禾草草原会变为耐旱耐盐的禾草-蒿草类草原，甚至变为蒿草杂草类草原。过度放牧导致草地群落结构中的种类组成变化很大，其中优良牧草比例减少，草丛高度降低。因此，随着放牧强度的增加，群落类型由单一到复杂再到单一，群落结构也将趋于简单化。为了适应退化了的土壤、生物环境，植物种向旱生化和盐生化发展。

（2）对盖度和生物量的影响。过度放牧对植被盖度和生物量的影响最明显，表现为草本植物高度降低，植株变稀疏，枝叶减少。随着放牧强度的增加，地上生物量和地下生物量均大幅度地降低。

（3）对土壤特性的影响。放牧不仅通过影响群落的物种组成、群落盖度和生物量等间接影响土壤的水分循环、有机质和土壤盐分的累积，而且还通过牲畜的践踏、采食及排泄物直接影响土壤的结构和化学性状。植物群落生物量的降低，将直接影响到植物对土壤水分和营养元素的吸收，造成有机干物质生产和地表凋落物累积减少，归还土壤的有机质降低，从而对土壤的理化性状造成不利影响，导致土壤贫瘠化和干旱化，甚至造成盐碱化等严重不良后果。

（4）其他影响。过度放牧使植被遭到破坏，表土失去了植被的保护，裸露的地表温度升高，地表水分蒸发加快，再加上地面降水入渗减少，最终导致土地荒漠化。甚至在某些地区沙尘暴频繁发生，给当地的生态环境及周边地区的环境质量带来严重的不利影响。

图4-6　黑河流域过度放牧现状（文后附彩图）

84. 什么是荒漠化

荒漠化是由于干旱少雨、植被破坏、大风吹蚀、流水侵蚀、土壤盐渍化等因素造成的大片土壤生产力下降或丧失的自然（非自然）现象。荒漠化有狭义和广义之分，起源于20世纪60年代末和70年代初，非洲西部撒哈拉地区连年严重干旱，造成空前灾难，"荒漠化"名词于是开始流传开来。荒漠化的最终结果大多是沙漠化，中国是世界上荒漠化严重的国家之一。

狭义的荒漠化即沙漠化。在极端干旱、干旱与半干旱和部分半湿润地区的沙质地表条件下，由于自然因素或人为活动的影响，破坏了自然脆弱的生态系统平衡，出现了以风沙活动为主要标志，并逐步形成风蚀、风积地貌结构景观的土地退化过程。定义的关键是"沙质地表条件"。正因为如此，凡是具有发生沙漠化过程的土地都称之为沙漠化土地。沙漠化土地还包括沙漠边缘风力作用下沙丘前移入侵的地方和原来的固定、半固定沙丘由于植被破坏发生流沙活动的沙丘活化地区。

广义的荒漠化指由于人为和自然因素的综合作用，使得干旱、半干旱甚至半湿润地区自然环境退化（包括盐渍化、草场退化、水土流失、土壤沙化、狭义沙漠化、植被荒漠化、历史时期沙丘前移入侵等以某一环境因素为标志的具体的自然环境退化）的总过程。

中国荒漠化的成因包括以下两个方面：

（1）自然因素：近几十年冬季少雪，夏季少雨，造成地表水下降，致使地表植被干枯退化，主要体现在内蒙古东部、甘肃西部、宁夏西南地区。

（2）人为活动：对地表植被的破坏、森林滥伐、河流污染、人口用水压力等造成生态系统失调，加之人类经济的快速发展，从而导致水资源的不合理利用。

85. 黑河流域草原荒漠化现状[①]

荒漠化现象在整个黑河流域，尤其是下游地区情势严峻。不仅严重影响到

---

① 参见：郝兴旺等，2015。

下游荒漠绿洲的生存，而且对邻近地区的生态安全也构成了威胁（图4-7）。从广义的角度讨论土地荒漠化还包括土地沙漠化、土壤盐渍化、水土流失和生物生产力衰减等。具体表现如下：

上游地区主要是森林带下限退化、天然林草退化、生物多样性减少等。流域内祁连山地森林区，20世纪90年代初森林保存面积仅100余万亩，与新中国成立初期相比，森林面积减少约16.5%，森林带下限高程由1900米退缩至2300米。上游地段沙漠化土壤主要分布在肃南县境内，并在祁连县也有零星分布，沙漠化面积达到23.09平方公里，比1987年测得的数据增加了14.88平方公里，沙漠化年均发展速度达15.1%，分布面积虽小，但是发展势头迅猛。

图4-7　黑河流域下游荒漠化前后对比（文后附彩图）

黑河流域中游地区沙漠化土地面积由1987年的2321.03平方公里增加到2000年的2678平方公里，平均扩展率为15.38%，年均递增29.75平方公里。总体来看，黑河流域中游地段已成为全流域土地沙漠化发展蔓延的典型区域。中游地区盐碱化土地面积约22.44万公顷，其中张掖市盐碱化占该地区的61.9%，面积约为13.89万公顷，酒泉市（仅包括肃州区和金塔县两地）盐碱化占该地区盐碱化土地面积的38.1%，面积约为8.55万公顷，下游额济纳旗盐碱化土地面积为25.17万公顷。流域中游地区水土流失面积约为25 992.9平方公里，占全区土地面积的62%。除此之外，中游地区还有部分的冻融侵蚀。该区域水土流失主要分布在北山风沙区、走廊平原区、南部土石山区。祁连山区南部走廊地带总面积约24 282.8平方公里，外力侵蚀面积为13 947.1平方公里，占该区总面积57.4%，其中水力侵蚀面积占3.1%。河西走廊平原地区总面积为9353.5平方公里，土壤侵蚀面积达5399.0平方公里，占该区土地面积的57.7%。中游地区，如金塔、高台等地在1990年以来沙漠化仍呈扩展趋势；盐碱化土地面积有所增加；水污染严重且呈发展态势。由于大量垦荒造成草地面积大幅度减少，尚存草地由于高强度过牧而退化严重，不合理的产业结构不仅限制了区域经济的稳定发展，而且加剧了水资源供需矛盾，导致土地沙漠化、盐碱化等生态环境连锁反应。

下游地区是黑河流域生态环境劣变最为严重的区域，集中表现在终端湖泊消失、众多天然河道废弃并形成绿洲内部沙源、天然绿洲萎缩、土地沙漠化发展迅速。下游断流时间由20世纪50年代的100天增加到目前的近200天，西居延海、东居延海先后干涸，下游三角洲地区的胡杨、沙枣和柽柳等面积减少了86万亩；三角洲地区植被覆盖度大于70%的林灌草甸草地减少了约78%，而覆盖度小于30%的荒漠草地和戈壁、沙漠面积增加了68%；额济纳旗植被覆盖度小于10%的戈壁、沙漠面积平均年增加23平方公里，随着沙化面积的增加，沙尘暴危害加剧。同时，黑河流域的下游地区也是沙漠化土地的主要分布区，沙漠化土地面积达10 061.97平方公里，占据整个流域沙漠化土地总面积的78.87%，占下游土地总面积的16.34%。与1987年相比，该区域沙漠化面积增加33.17平方公里，年均沙漠化土地扩展面积高达2.764平方公里。近10年来，全流域范围内新增沙漠化土地面积为405.02平方公里，其中黑河中游地区沙漠化土地新增面积为356.97平方公里，占新增沙漠化土地面积的88.14%。所有这些使得本区域环境恶化、生物物种减少、经济与社会稳定发展受到严重制约，而且已威胁到整个流域的生态安全和国防建设的环境保障。

86. 黑河流域草原荒漠化类型

黑河流域的沙漠化土地类型有耕地沙漠化、草场沙漠化、砾质沙漠化和沙丘活化4种（表4-1）。其中，以砾质沙漠化面积分布最为广泛，大约有12 000平方公里，占沙漠化土地面积的0.14%，主要集中在额济纳旗的戈壁边缘，而其他旗县略有零星分布。砾质沙漠化地区的原始地表景观属于荒漠草原或草原化荒漠，但是由于草原地区超载放牧和上游地区过度用水，导致了下游地区水资源的枯竭，地表原始植被在牲畜的过度践踏和啃食下，丧失了再生能力，逐渐退化并且消失，造成没有植被覆盖的疏松地表，无法抵御当地盛行的大风，细小颗粒物质很快被吹走，而砾石在地表上开始明显富集，最后地面布满粗沙砾石，砾石间少有沙粒，植被稀疏。

表4-1 黑河流域中下游地区荒漠化土地类型及面积

类型	轻度沙漠化	中度沙漠化	重度沙漠化	严重沙漠化	合计	占沙化土地面积/%
沙丘活化和流沙入侵	0	3.71	14.54	0	18.25	0.14
耕地沙漠化	10.33	101.91	148.17	246.33	506.74	3.75
草场沙漠化	0	107.83	650.45	100.87	859.15	6.36
砾质沙漠化	17.02	1108.09	1461.10	9538.09	12124.30	89.75
合计	27.40	1321.40	2274.30	9885.30	13508.40	100.00
占监测区面积/%	0.20	9.80	16.80	73.20	11.80	

资料来源：齐善忠和王涛，2003

黑河中下游地区另外两种沙漠化土地类型是耕地和草地沙漠化。耕地沙漠化土地面积为 506.74 平方公里，占沙漠化土地面积的 3.75%，主要分布在黑河流域中下游的绿洲和三角洲的农耕区，如下游的弱水三角洲地区、中游的临泽、金塔绿洲等。由于人为盲目的经济活动，忽视了土地资源的承载力，不断滥垦林地、草地，扩大耕地面积，导致耕地失去地表植被的保护，造成农田受到风蚀，土壤表土中的有机物质和腐殖质含量降低，出露钙积层或土壤母质，垄沟内出现积沙，农作物产量大幅度降低，最后不得不弃耕，成为平沙地或砾石地；草原沙漠化土地面积为 859.15 平方公里，占沙漠化土地面积的 6.36%，主要表现为灌丛的沙漠化，在干草原、荒漠草原或草原化荒漠灌丛生长的地区，由于过度放牧，往往导致植被退化、地表裸露，从而流沙堆积在灌丛附近，形成各种形态的灌丛沙堆。随着沙漠化的严重发展，灌丛沙堆迎风侧开始显现流沙，导致灌丛大片被埋压、死亡，沙堆间平地出现浮沙，最后形成流沙面积超过 50% 的流动起伏沙地。监测区内沙丘活化及流沙入侵的沙漠化土地较少，面积为 18.25 平方公里，占沙漠化土地面积的 0.14%，主要是由于沙漠边缘的植被遭到樵采等人为破坏后，固定、半固定沙丘及平沙地失去了植被保护，在风的作用下，向下风向移动。

87. 黑河流域草原荒漠化土地分布

2000 年黑河流域中下游地区的沙漠化土地面积共有 13 508.40 平方公里，占监测区域面积的 11.80%。其中，临泽沙漠化土地的面积为 229.53 平方公里，占沙漠化土地面积的 1.70%，高台沙漠化土地的面积为 230.65 平方公里，占沙漠化土地面积的 1.71%，肃南(部分)沙漠化土地的面积为 192.71 平方公里，占沙漠化土地面积的 1.43%，酒泉市沙漠化土地的面积为 114.93 平方公里，占沙漠化土地面积的 0.851%，嘉峪关市沙漠化土地的面积为 37.24 平方公里，占沙漠化土地面积的 0.276%，金塔县沙漠化土地的面积为 1268.64 平方公里，占沙漠化土地面积的 9.391%，额济纳旗沙漠化土地的面积为 11 434.64 平方公里，占沙漠化土地面积的 84.648%（表 4-2）。由此看出，黑河流域下游地区的土地荒漠化形势严峻。

表4-2　黑河流域中下游地区各旗县荒漠化土地面积

行政单元	轻度沙漠化	中度沙漠化	重度沙漠化	严重沙漠化	合计	占沙化土地面积 /%
临泽	0	147.2	50.45	31.88	229.53	1.700
高台	3.3	3.7	65.92	157.73	230.65	1.707
肃南（部分）	12.6	18.8	46.78	114.53	192.71	1.427
酒泉市	3.3	46.1	30.03	35.5	114.93	0.851
嘉峪关市	0	21.6	13.59	2.05	37.24	0.276
金塔县	0	28.2	1240.44	0	1268.64	9.391
额济纳旗	8.2	1055.8	827.04	9543.6	11434.64	84.648
合计	27.4	1321.4	2274.3	9885.3	13508.4	100
占监测区面积 /%	0.2	9.8	16.8	73.2	11.8	

资料来源：齐善忠和王涛，2003
注：表中未标记的其他数据单位均为平方公里

88. 青海省关于草原可持续发展的政策规定

2007 年 9 月 28 日青海省第十届人民代表大会常务委员会第三十二次会议

通过《青海省实施<中华人民共和国草原法>办法》[①],对本省行政区域从事草原规划、保护、建设、利用和管理等活动进行规范。

> **延伸阅读**
>
> **《青海省实施<中华人民共和国草原法>办法》**
>
> 1)草原权属
>
> 本省行政区域内依法确定给全民所有制单位和集体经济组织使用的国家所有的草原,由县级以上人民政府登记,核发使用权证,确认草原使用权。依法改变草原权属的,应当办理草原权属变更登记手续。此外,草原承包经营期限一般为五十年,期间草原承包经营者依照国家和省有关规定实施退牧还草后的草原承包经营权不变。
>
> 2)草原规划与建设
>
> 各级草原行政主管部门应依据上一级草原保护、建设、利用规划,编制本行政区域的草原保护、建设、利用规划。草原保护、建设、利用规划确需调整或者修改的,须经原批准机关批准。此外,县级以上人民政府草原行政主管部门应当会同相关部门,对草原的面积、等级、植被构成、生产能力、生态状况、自然灾害、生物灾害等草原基本状况实行动态监测并共享监测信息成果,并及时提供动态监测和预警信息。
>
> 3)草原利用
>
> 实行草畜平衡制度,逐步实施草畜平衡的各项措施。各级草原行政主管部门应当根据具体载畜量标准和本行政区域内草原基本状况、草地生产能力、动态监测结果,核定、公布草原载畜量,确定草原承包经营者或者草原使用者的牲畜饲养量。草原承包经营者或者草原使用者应当合理利用草原,采取人工补饲、舍饲圈养、加快牲畜出栏、优化畜群结构等措施,保持草畜平衡。

---

① 青海省实施《中华人民共和国草原法》办法.青海草业,2008,17(1):51-56。

4）草原保护

实行基本草原保护制度，对基本草原实施严格保护管理。任何单位和个人不得破坏草原保护标志和围栏等草原保护设施，不得擅自占用或者改变用途。各级政府依法实行退耕、退牧还草和禁牧、休牧制度，不仅应加强疏林草地和灌丛草地的植被保护，禁止开垦草原，适时合理利用草地，还应强化对草原珍稀濒危野生动植物的保护。此外，各级人民政府应当建立和完善草原防火责任制，并将草原防火期定位为每年9月15日至翌年6月15日。

5）监督管理

县级以上人民政府草原行政主管部门草原监督管理机构的职责是：宣传贯彻草原法律、法规和规章，监督检查草原法律、法规和规章的贯彻执行；依法对违反草原法律、法规和规章的行为进行查处；负责办理草原承包经营权、草原使用权的登记、造册和发证的具体工作；负责草原权属争议的调解；负责草原动态监测工作，指导监督草畜平衡工作；协助有关部门做好草原防火的具体工作；办理其他有关草原监督管理的事宜。

资料来源：青海省人民代表大会2008年发布的《青海省实施＜中华人民共和国草原法＞办法》

89. 青海省草原生态保护补助奖励政策

为加强草原生态保护，促进畜牧业经济和社会可持续发展，结合青海省草原牧区实际，青海省人民政府于 2011 年 9 月 28 日印发《青海省草原生态保护补助奖励机制实施意见（试行）》，并提出加快建立草原生态保护补助的奖励机制。

延伸阅读

《青海省草原生态保护补助奖励机制实施意见（试行）》

实施天然草原禁牧补助政策，制定禁牧补助标准。以全省年平均饲养一个羊单位所需 26.73 亩天然草原作为一个"标准亩"，结合国家禁牧补助测算标准，确定各州禁牧补助标准和资金总额。各州结合实际，确定本地禁牧补助标准并落实到户。

建立草畜平衡奖励政策。确定超载牲畜数量，制定减畜计划，核减超载牲畜，建立以草定畜、草畜平衡制度，实施草畜平衡管理。各级财政、农牧部门对履行减畜计划的牧民，按照每年每亩 1.5 元的测算标准给予草畜平衡奖励。

落实对牧民的生产性补贴政策。根据畜牧业生产实际需要，落实对牧业生产所需的牦牛种公牛、绵（山）羊种公羊良种补贴，补助标准为：牦牛 2000 元/头，藏绵羊 800 元/只，绒山羊 800 元/只。此外，还要落实对牧区、半农半牧区人工种草所需籽种的补贴。

建立绩效考核和奖励制度。实行目标、任务、资金、责任"四到州（地、市）"，对各地补奖政策落实、草原生态保护效果、补奖资金使用管理及配套政策制定落实等情况进行绩效考评。对工作突出、成绩显著的地区给予奖励，对完不成目标任务的予以通报批评。

资料来源：内蒙古自治区人民政府 2011 年发布的《内蒙古自治区人民政府办公厅关于印发草原生态保护补助奖励机制实施方案的通知》

90. 甘肃省草原管理条例关于草原可持续发展的政策规定[①]

《甘肃省草原条例》由甘肃省第十届人民代表大会常务委员会第二十六次会议于2006年12月1日通过,自2007年3月1日起施行。其主要内容包括:条例的实施总则,具体包含实施范围和执行部门等;草原规划建设部分,具体包含草原规划制定执行、草原调查、技术推广及灾害防治等内容;草原的所有制属性和承包经营管理;草原保护利用的详细说明;违反条例的法律责任认定。

延伸阅读

《甘肃省草原条例》中有关草原可持续发展的政策规定

(1)草原使用者或者承包经营者饲养的牲畜量不得超过核定的载畜量,保持可利用饲草饲料总量与其饲养牲畜所需饲草饲料量的动态平衡。

(2)草原使用者和承包经营者应当改变传统畜牧业生产方式,采取禁牧、轮牧、休牧和舍饲圈养等措施,提高草原的综合生产能力。

(3)禁止在草原上铲挖草皮、泥炭,防止造成新的植被破坏、草原沙化和水土流失。

(4)禁牧、休牧具体办法按国务院和省人民政府的规定执行。

(5)草原植被恢复费的具体标准由省人民政府依照国家有关规定制定。

资料来源:甘肃省人民政府,2007

[①] 参见:甘肃省人民政府,2007。

91. 甘肃省草原禁牧的具体规定

《甘肃省草原禁牧办法》已经 2012 年 11 月 20 日甘肃省人民政府第 117 次常务会议讨论通过，自 2013 年 1 月 1 日起施行。这是国内第一个规范草原禁牧管理工作的政府规章。[①]

甘肃省的草原面积达 2.68 亿亩，可利用的为 2.41 亿亩，在全国位居第六，草原面积占全省土地面积的 39.4%，是最大的陆地生态系统，对甘肃省乃至全国发挥着水源涵养和生态屏障的作用。长期以来，受干旱、超载放牧、工程基础设施建设、矿藏开采等影响，全省 90% 以上的草原都不同程度地受到了破坏。《甘肃省草原禁牧办法》的颁布实施加大了政府对禁牧的组织和推动力度，进一步推动了甘肃省的禁牧管理工作法制化、制度化建设。

延伸阅读

《甘肃省草原禁牧办法》

一是规定对严重退化、沙化、盐碱化、荒漠化的草原和生态脆弱区、重要水源涵养区的草原实施禁牧；

二是规定由县级以上人民政府草原行政主管部门及其草原监督管理机构负责组织实施禁牧工作，所需工作经费列入本级财政预算；

三是规定由省人民政府草原行政主管部门根据草原生态预警监测情况，划定草原禁牧区；

四是将草原禁牧工作纳入各级人民政府目标管理责任制，层层签订责任书；

五是规定乡镇人民政府在实施国家草原生态保护补助奖励机制政

---

① 参见：潘佳，2014。

策的村设置草原管护员，并明确规定了草原管护员应当履行的职责；

六是规定县级以上人民政府草原行政主管部门和乡镇人民政府健全草原禁牧区的巡查制度、举报制度、情况通报制度和禁牧补助资金的公示制度等。

资料来源：甘肃省人民政府，2012

92. 甘肃省草原生态补助奖励政策规定

2011年7月31日甘肃省在召开的全省落实草原生态保护补助奖励政策会议[①]上，确定了草原生态补助的目标，可利用草原面积为2.41亿亩，中央财政下达的草原生态补奖资金为11.4亿元，主要包括禁牧补助、畜牧良种补贴、牧草良种补贴和牧民生产资料综合补贴等。确定禁牧草原面积为1亿亩，另外1.41亿亩草原在3年内完成225.7万个羊单位的减畜任务。

延伸阅读

甘肃省草原生态保护补助奖励政策措施

（1）根据国家核定，甘肃省禁牧草原面积为1亿亩，其中青藏高原区1727万亩，黄土高原区4156万亩，西部荒漠区4117万亩，禁牧补助6亿元。通过科学测算，3大区域的禁牧补助标准确定为：青藏高原区每亩20元、黄土高原区每亩2.95元、西部荒漠区每亩2.2元，将通过"一册明、一折统"直接发放到户。

---

① 参见：甘肃省财政厅，2014。

（2）根据国家核定，甘肃省禁牧区域以外的1.41亿亩的可利用草原全部划定为草畜平衡区，草畜平衡奖励为2.1亿多元。据测定，这一区域超载牲畜225万个羊单位，平均超载率为30.6%。为此，全省计划在3年内完成225.7万个羊单位的减畜任务。

（3）根据国家核定，甘肃省人工种草面积2212万亩，今年牧草良种补助为2.2亿多元，将用于更新现有留床牧草、扩大优良牧草种植、建设防灾保畜基地等。国家下达的畜牧良种补贴500多万元，主要用于牦牛、山羊良种补贴，通过招标采购和养殖户选育调配，进行品种改良。

（4）根据国家核定，甘肃省以草原畜牧业为主要生产经营方式和收入来源的草原承包户为22.1万户，主要分布在20个牧业、半牧业县，实施牧民生产资料综合补贴，今年补贴资金1.1亿多元，按每户500元的标准，将补贴资金通过"一册明、一折统"直接发放到户。

资料来源：甘肃省人民政府，2011

93. 甘肃省生态补助奖励政策的保障措施

（1）完善草原承包经营，加快基本草原划定。坚持权属明确、管理规范、承包到户、长期不变的原则，按照对牧区草场要承包到户、分户经营，半农半牧区和农区草场面积较大的要分户承包经营、面积较小的要承包到户、联户经营的要求，积极推进草原规范承包工作。规范和补签草原承包经营合同，明确责、权、利关系,并向草原承包户发放草原承包经营权证,草原承包经营权证由省草原行政主管部门统一定制,市州或县市区政府印制,县市区政府签章后颁发。抓紧开展全省性的基本草原划定工作,在摸清市州、县市区、乡镇、村各级草原的现实分布情况、界限、类型、利用条件、经营管理现状的基础上,以县市区为基本单位,将重要放牧地、具有重要生态功能的草原等划定为基本草原,并实行最严格的保护,确保草原面积基本稳定、用途始终不变。

(2) 加强草原监测监理,强化草原技术支撑。加强草原监测体系建设,合理确定和建设固定监测点,加强监测人员培训,改进监测手段,创新监测方法,完善监测指标,全面开展监测工作,定点适时地完成监测任务,及时编制监测报告,发布监测信息,客观反映草原植被恢复情况,为科学评估草原禁牧、草畜平衡实施效果提供科学依据。紧紧围绕补奖政策落实工作的关键环节,结合甘肃省实际,加快形成县级有草原监理机构专职行使草原监管职责,乡镇有分管领导、专(兼)职干部负责草原工作,村级有干部负责、村级草原管护员管护草原的工作格局,进一步加大对草原禁牧、草畜平衡制度落实情况的监督检查力度,为补奖政策落实提供组织保障。开展优良牧草品种筛选、退化草原治理、划区轮牧模式等研究工作,推广草原鼠虫害防控、草原补播改良、优良牧草丰产栽培等先进技术,为补奖政策落实提供技术支撑。具体由省草原技术总站拟定实施方案和年度工作计划,省、市州、县市区草原技术服务单位实施。

(3) 加强调查研究,做好基础数据统计工作。要紧密结合各地实际,深入开展调查研究,找准落实政策的重点和难点,提出切实可行的解决办法和措施,确保政策顺利落实。同时,按照国家落实补奖政策的要求,在认真调查核实的基础上,确定专人,切实做好牧户基本情况,草原承包、禁牧、草畜平衡和人工种草面积、草原载畜能力、牲畜饲养数量等基础数据的采集录入工作,实现电子化管理,为落实补奖政策打好基础。

(4) 加强宣传教育,营造良好环境。加大补奖政策宣传教育力度,充分利用电视、广播、报纸、板报、宣传车、培训班、现场会等宣传媒介,开展形式多样、生动活泼、贴近实际的宣传教育活动,全方位、多角度地宣传补奖政策的各项内容和要求,提高广大干部群众的认识,把思想统一到中央、省对补奖政策落实的安排部署上来,调动社会各方面的积极性,营造落实补奖政策的良好环境。

94. 甘肃省草畜平衡管理的重点内容

《甘肃省草畜平衡管理办法》[①]已经 2012 年 9 月 18 日省人民政府第 114 次常务会议讨论通过,自 2012 年 11 月 1 日起施行。关于草畜平衡管理的重点内容包括:各级人民政府应当普及草畜平衡知识,支持和引导农牧民采取人工种草、畜种改良、舍饲养殖等措施,减少草原载畜量,防止超载过牧;县级人民政府草原行政主管部门应当成立草原载畜量核定专家组,征求草原使用者和承包经营者的意见,核定草原载畜量,明确草原使用者或者承包经营者的牲畜饲养量;按照国家草原生态保护补助奖励机制政策,对实现草畜平衡的农牧民给予奖励。奖励资金应当按照已承包到户(含联户)并实施草畜平衡的草原面积直接发放到户。

95. 内蒙古自治区草原管理条例关于草原可持续发展的政策规定

2004 年 11 月 26 日内蒙古自治区第十届人民代表大会常务委员会第十二次

[①] 参见:《甘肃畜牧兽医》编辑部,2013。

会议修订通过《内蒙古自治区草原管理条例》[①],自 2005 年 1 月 1 日起施行。其主要内容包括:草原管理条例实施的总则、草原权属和流转规定、草原规划制度、草原建设利用保护及监督、法律责任等。

延伸阅读

《内蒙古自治区草原管理条例》可持续发展的政策规定

《内蒙古自治区草原管理条例》中对草原管理的诸多方面都有明确的规定和说明,其中有关草原可持续发展的政策规定主要有:

(1)禁止开垦草原。对水土流失严重、有沙化趋势、需要改善生态环境的已垦草原,应当有计划、有步骤地退耕还草;已造成退化、沙化、盐碱化、荒漠化的,应当限期治理。

(2)对草原实行以草定畜、草畜平衡制度。草畜平衡核定由旗县级人民政府草原行政主管部门每三年进行一次,并落实到草原所有者和使用者。

(3)已经承包经营的国有草原和集体所有草原,依据核定的载畜量,由拥有草原使用权或者所有权的单位与草原承包经营者签定草畜平衡责任书。未承包经营的国有草原,由草原使用者与旗县级以上人民政府签定草畜平衡责任书。未承包经营的集体所有草原,由草原所有者与苏木乡级人民政府签定草畜平衡责任书。

(4)自治区依法实行退耕、退牧还草和禁牧、休牧制度。禁牧、休牧的地区和期限由旗县级人民政府确定并予以公告。不得在禁牧、休牧的草原上放牧。

(5)实施草原建设项目以及草原承包经营者建设小面积人工草地需要改变草原原生植被的,应当符合草原保护、建设、利用规划。

---

① 参见:内蒙古自治区人民代表大会,2005。

旗县级以上人民政府草原行政主管部门应当加强监督检查。

（6）不得在下列草原地区建设旱作人工草地：年平均降水量在250毫米以下的；坡度20度以上的；土质、土壤条件不适宜种植的。

（7）禁止在荒漠、半荒漠和严重退化、沙化、盐碱化、荒漠化和水土流失的草原以及生态脆弱区的草原上采挖植物和从事破坏草原植被的其他活动。

资料来源：内蒙古自治区人民代表大会，2005

96. 内蒙古自治区退耕还林的可持续发展管理规范

2007年9月27日内蒙古自治区人民政府第8次常务会议通过《内蒙古自治区退耕还林管理办法》[1]，并决定于2007年12月1日起实施。本办法对包括退耕地还林、配套的荒山荒地造林和封山（沙）育林在内的退耕还林活动进行规范。

延伸阅读

《内蒙古自治区退耕还林管理办法》可持续发展的政策规定

（1）旗县级以上人民政府应当采取措施，将退耕还林与基本农田建设、农村能源建设、生态移民、后续产业发展结合起来，巩固退耕还林成果。

---

[1] 参见：内蒙古自治区人民政府，2007。

（2）旗县级以上人民政府应当支持退耕还林应用技术的研究和推广，提高退耕还林科学技术水平。

（3）退耕地还林实行区域化规模治理，除整体移民以外，可以合理调整耕地，应当保留人均3亩以上的口粮田。

（4）旗县级人民政府财政部门发放粮食补助资金应当与退耕还林成活率、保存率挂钩。

（5）各级人民政府应当征求退耕还林者意见，直接发给退耕还林者和承担配套荒山荒地造林的单位，或者进行集中采购退耕还林种苗。

（6）政府财政部门每年应当安排专项资金作为退耕还林的地方配套资金，用于退耕还林的前期费、管理费和验收费。

（7）禁止在退耕还林实施范围内复耕和从事滥采、乱挖、放牧等破坏地表植被的行为。

资料来源：内蒙古自治区人民政府，2007

97. 禁牧建设模式

以额济纳旗为例，农牧业局根据内蒙古自治区奖补方案[1]，结合各苏木镇草原类型、承载能力实际情况，采取了三种禁牧建设模式：单一禁牧模式、禁牧＋舍饲圈养模式、禁牧＋转产模式。

---

[1] 参见：内蒙古自治区人民政府，2011。

> **延伸阅读**
>
> **额济纳旗禁牧建设模式借鉴**
>
> （1）单一禁牧模式。单一禁牧模式是在禁牧区域内，通过草地实际承载能力计算，以禁牧户的实际条件和意愿，仍生活在原地；在禁牧期间内，不以天然草原畜牧业生产为主要生活来源，享受国家禁牧政策补贴。该模式主要以草原生产力较低的草原生态脆弱地区为主。
>
> （2）禁牧＋舍饲圈养模式。根据移民安置需求和农牧业资源条件，在沿河地区和胡杨林自然保护区的禁牧草场实行该模式。沿河地区因草场条件较好并有部分天然大草场和具备人工种植饲草料的条件，作为发展农区畜牧业的重点区域，扶持具有一定养殖经验、创业能力和意愿的牧户或牧业合作组织发展农区畜牧业。参照退耕还草实施办法，享受国家有关饲草料种植、棚圈、青贮窖、良种家畜、农机等一系列优惠政策补贴。
>
> （3）禁牧＋转产模式。根据特有的口岸、旅游等资源和农牧业资源优势，鼓励禁牧农牧选择沙产业、二三产业、现代服务业、旅游产品加工、销售等行业转产就业，该模式适合所有禁牧区农牧民。
>
> 资料来源：内蒙古自治区人民政府，2011

98. 内蒙古自治区草畜平衡管理的相关规定

为了加强草原的保护、建设和合理利用，促进畜牧业可持续发展，内蒙古自治区于 2000 年 8 月 1 日起实施《内蒙古自治区草畜平衡暂行规定》[1]。规定强调实行草畜平衡制度应当贯彻增草增畜、提高质量、提高效益的畜牧业发展战略，坚持畜牧业发展与保护草原生态并重的原则。

延伸阅读

《内蒙古自治区草畜平衡暂行规定》

1）草畜平衡核定

旗县畜牧行政主管部门应当每两年进行一次草畜平衡核定，即对饲草饲料总贮量进行测算，并确定适宜载畜量。草畜平衡核定以草原承包经营者或者草原使用权单位为单位进行。未承包的机动草原的草畜平衡核定以草原所有者或者草原使用权单位为单位进行。

2）草畜平衡管理

草原所有者或者草原使用权单位必须与草原承包经营者签订草畜平衡责任书。牲畜饲养量超过适宜载畜量的，草原承包经营者必须采取以下措施：种植和贮备饲草饲料，增加饲草饲料供应量；采取舍饲，进行阶段性休牧或者划区轮休轮牧；优化畜群结构，提高出栏率。

3）奖励与处罚

对积极进行草原建设，实现草畜平衡的草原承包经营者、草原所有者和草原使用单位，各级人民政府应当给予表彰和奖励。对于违反本规定，不签订草畜平衡责任书的，超载牲畜，抢牧、滥牧严重破坏草原的行为，旗县以上畜牧行政主管部门应给予警告和处罚。

资料来源：王焕平等，2002

---

[1] 参见：王焕平等，2002。

99. 草畜平衡区建设模式

额济纳旗草畜平衡区建设主要采取两种模式，包括草畜平衡+划区轮牧模式和草畜平衡+集中养殖模式。采取的管理模式以草地家畜饲养量与草地提供的饲草总量达到动态平衡为前提条件，享受国家政策补贴和其他惠牧政策补贴。

> **延伸阅读**
>
> **额济纳旗草畜平衡区建设的主要模式**
>
> （1）草畜平衡+划区轮牧模式。在认真核定草地实际载畜量的前提下，项目户可通过草原划区轮牧制度，提高草地载畜能力，达到增草、增畜、增收的目的。草畜平衡区内，天然草地生产力水平较高，草地轻度退化或未退化，草地自我恢复能力和再生能力强，可进行划区轮牧。该模式可享受围栏建设、饮水井、风光互补发电机、棚圈等基础设施优惠政策。
>
> （2）草畜平衡+集中养殖模式。项目户以自愿联合或合作组织的形式，形成规模经营或小区养殖，提高劳动生产率。制定科学合理的放牧制度，达到草畜平衡。该模式除了享受国家草畜平衡奖励外，还可以享受棚圈建设、牧业机械、饲草地、贮草设施等优惠政策。

100. 内蒙古自治区森林草原防火管理主要工作

2004年3月26日内蒙古自治区第十届人民代表大会常务委员会第八次会

议通过《内蒙古自治区森林草原防火条例》[1]，自2004年4月15日起施行。该条例强调预防和扑救森林草原火灾、保护森林草原资源是草原管理的主要工作。

延伸阅读

《内蒙古自治区森林草原防火条例》

（1）森林草原防火组织。组织有关部门和当地驻军、武警部队设立森林草原防火指挥部，负责本行政区域内的森林草原防火工作。受自治区人民政府或者所在旗县级人民政府委托，大兴安岭林业管理局及其所属的国有林业局设立防火指挥部，负责施业区内的防火工作。旗县级以上人民政府森林草原防火指挥部下设办公室，负责处理指挥部的日常工作。

（2）森林草原火灾的预防。各级人民政府负责组织划定森林草原防火责任区，确定森林草原防火责任单位，建立健全森林草原防火责任制度并定期进行检查。落实防火责任制应当贯彻属地管理为主的原则，任何单位和个人在落实防火责任方面，必须接受当地森林草原防火指挥部的监督。

（3）森林草原火灾的扑救。任何单位和个人发现森林草原火情，必须立即进行扑救，并及时向当地人民政府或者森林草原防火指挥部报告。任何单位和个人应当无偿为报警提供便利。禁止谎报森林草原火情。

（4）善后工作森林草原火灾扑灭后，当地人民政府应当组织有关部门及时制定植被恢复计划，并组织实施；做好过火地的病虫害防治和火灾地区人畜疫病的防治、检疫，防止疫病的发生和传播。

资料来源：陈强和贺献利，2015

---

[1] 参见：陈强和贺献利，2015。

参考文献

茶娜.2007.基于循环经济思维的内蒙古牧业旗县地区工业化成长模式研究.呼和浩特：内蒙古大学博士学位论文.

陈强，贺献利.2010.专群结合，群防群治，提升森林草原火灾防控水平.内蒙古林业，1：16.

陈祥军.2012.游牧生态-环境知识与草原可持续发展——以新疆阿勒泰哈萨克为例.湖北民族学院学报(哲学社会科学版)，30（5）：52-56.

陈佐忠.2008.草原是人类生存的保障.http://blog.sciencenet.cn/home.php?mod=space&uid=40450&do=blog&id=22241[2008-4-19].

杜青林.2006.草原征占用审核审批管理办法.中华人民共和国农业部公报，2：31-33.

额济纳旗人民政府办公室.2013.额济纳旗草原生态保护补助奖励机制暂行办法.

冯婧.2014.气候变化对黑河流域水资源系统的影响及综合应对.上海：东华大学博士学位论文.

甘肃省财政厅.2014.草原生态补奖政策效应显现.中国财政，4：25-26.

甘肃省人民代表大会.2007.甘肃省草原条例.甘肃政报，1：36-39.

甘肃省人民政府.2011.甘肃省人民政府办公厅关于印发甘肃省落实草原生态保护补助奖励机制政策实施方案的通知（甘政办发〔2011〕232号）.http://www.gansu.gov.cn/art/2012/2/6/art_831_189169.html[2011-09-27].

甘肃省人民政府.2012.甘肃省政府公布实施《甘肃省草原禁牧办法》.http://www.gov.cn/gzdt/2012-12/12/content_2288621.htm[2012-12-12].

郝兴旺，张永福，康建锋.2015.黑河流域自然地理景观格局变迁与荒漠化研究.43（7）：265-268.

侯向阳.2010.发展草原生态畜牧业是解决草原退化困境的有效途径.中国草地学报，32(4):1-9.

侯学煜.2001.中国植被图集（1∶100万）.北京：科学出版社.

李扬，孙洪仁.2012.低碳经济与中国草原的可持续发展.中国畜牧业协会草业分会：第二届中国草业大会，24-25.

刘兴元，龙瑞军，尚占环 .2011.草原生态系统服务功能及其价值评估方法研究.草业学报，20（1）：167-173.

柳小妮，孙九林，张德罡，等 .2008.东祁连山不同退化阶段高寒草甸群落结构域植被多样性特征研究.草业学报，17（4）：1-11.

内蒙古自治区农牧业厅 .2011.落实草原生态保护补助奖励机制技术培训班培训教材.

内蒙古自治区人民代表大会 .2005.内蒙古自治区草原管理条例.内蒙古政报，1：1-8.

内蒙古自治区人民政府 .2007.内蒙古自治区退耕还林管理办法.内蒙古政报，12：26-28.

内蒙古自治区人民政府 .2011.内蒙古自治区人民政府办公厅关于印发草原生态保护补助奖励机制实施方案的通知.内蒙古自治区人民政府公报，13：13-19.

内蒙古自治区人民政府 .2015.内蒙古自治区人民政府关于印发《内蒙古自治区森林草原防火工作责任追究办法》的通知.内蒙古自治区人民政府公报，14：13-16.

牛文元，马宁，刘怡君 .2015.可持续发展从行动走向科学——《2015世界可持续发展年度报告》.中国科学院院刊，30（5）：573-585.

潘佳 .2014.甘肃省天祝县草原生态补偿的政策经验、问题及对策：以草原补奖政策为例.东北农业大学学报（社会科学版），12(5):42-48.

齐善忠，王涛 .2003.黑河流域中下游地区沙漠化现状及其原因分析.水土保持学报，17（4）：98-109.

青海省农牧厅 .2013.青海省全面启动草原生态管护员聘用工作.青海农牧业，1：22.

青海省人民代表大会 .青海省实施《中华人民共和国草原法》办法.青海草业，2008，17（1）：51-56.

清丰县可持续发展实验区领导小组办公室 .2011.清丰县国家可持续发展实验区指示宣传册.

全国畜牧总站 .2008.草原法律法规知识问答.湖北畜牧兽医，2-3：5，6-8

《甘肃畜牧兽医》编辑部 .2013.全面组织实施《甘肃省草畜平衡管理办法》和《甘肃省草原禁牧办法》.甘肃畜牧兽医，1，11-12.

孙洪烈 .2011.中国生态问题与对策.北京：科学出版社.

万里强，侯向阳，任继周 .2004.系统耦合理论在我国草地农业系统应用的研究.中国生态农业学报，12（1）：162-164.

王焕平，高娃，赵和平 .2002.贯彻《内蒙古自治区草畜平衡规定》改善草原生态环境.内蒙古草业，14（4）：24-25.

中国国家发展和改革委员会，等 .2012.2012年中国可持续发展报告.

中华人民共和国全国人民代表大会 .2013.中华人民共和国草原法.中华人民共和国全国人民代表大会常务委员会公报，4：522-529.

中华人民共和国科学技术部 .2002.可持续发展科技纲要（2001—2010年）.

图3-2 风能利用示意图

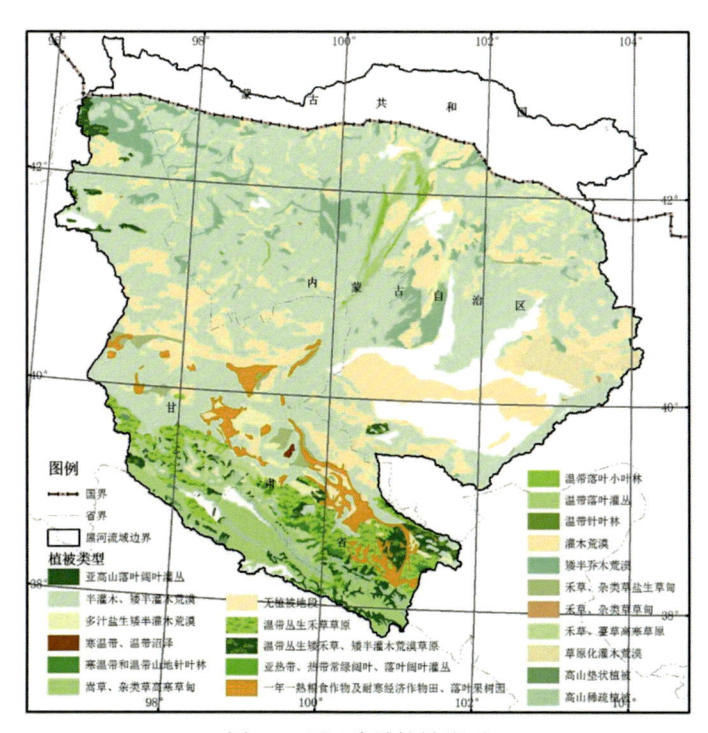

图4-3 黑河流域植被类型
资料来源：侯学煜，2001

图4-4　皮影

图4-6　黑河流域过度放牧现状

图4-7　黑河流域下游荒漠化前后对比